区域城镇空间协调发展研究

以黄河流域甘肃段为例

宁雷 孟悦 刘曦 著

中国纺织出版社有限公司

内 容 提 要

本书聚焦黄河流域甘肃段的社会经济发展，从经济视角切入，以城镇经济空间结构和城镇发展态势为抓手，以回应地方协调发展诉求、国家发展战略为目的，以解决实际问题为导向，提出了以"认识事物—发现规律—分析原因—提出策略"为脉络的城镇经济空间结构研究思路，构建了基于城镇发展耦合协调性变化率和城镇发展综合水平变化率的城镇收缩类型象限图判读法，并对城镇经济要素发展的规律性进行了有益探索。为黄河流域甘肃段城镇经济空间结构优化和高质量发展提供了规划理论支撑和策略参考，为同类地区城镇群研究提供思路借鉴。

图书在版编目（CIP）数据

区域城镇空间协调发展研究：以黄河流域甘肃段为例 / 宁雷，孟悦，刘曦著. --北京：中国纺织出版社有限公司，2024.11. --ISBN 978-7-5229-2145-7

Ⅰ.F299.274.2

中国国家版本馆CIP数据核字第2024233N46号

责任编辑：向　隽　　特约编辑：程　凯
责任校对：王蕙莹　　责任印制：储志伟

中国纺织出版社有限公司出版发行
地址：北京市朝阳区百子湾东里 A407 号楼　邮政编码：100124
销售电话：010—67004422　传真：010—87155801
http://www.c-textilep.com
中国纺织出版社天猫旗舰店
官方微博 http://weibo.com/2119887771
天津千鹤文化传播有限公司印刷　各地新华书店经销
2024 年 11 月第 1 版第 1 次印刷
开本：710×1000　1/16　印张：14.5
字数：250 千字　定价：98.00 元

凡购本书，如有缺页、倒页、脱页，由本社图书营销中心调换

前言
PREFACE

在区域协调发展作为新时代国家重大战略之一、黄河流域生态保护和高质量发展上升为重大国家战略、黄河流域甘肃段作为甘肃国土空间格局优化主体、推进以县城为重要载体的城镇化建设时代背景下，黄河流域甘肃段已然成为黄河流域高质量发展的重要组成部分和甘肃省社会经济发展的主要承载地，其区域经济协调发展、城镇空间结构合理布局、科学把握城镇发展态势对缩小地区内部差异、助力区域社会经济高质量发展具有重要意义。此外，随着城镇化进程推进，城市间的密切合作逐渐转向对人口、经济、技术等资源的争夺，城市的发展更加依赖于同区域内其他城市的经济、信息交流，城市间的地理学第一定律被"打破"，城镇集群、大都市带、全球城市、城市群等概念已经进入城市地理学、经济地理学、城市规划等领域。因此在地方发展诉求、国家发展战略和城镇化发展规律的三重驱动下，区域城镇空间结构及其发展态势相关研究已成为学界持续关注的重要学术领地且有一定的研究积累。

从相关研究来看，研究思路多建立在基于城镇体量、数量、功能的城镇规模、等级、职能结构划分，而关于经济视角的城镇空间结构研究较少。研究对象主要为我国东部、中部地区发育较为成熟的城市（镇）群，鲜有对西北流域地区城镇空间结构及其发展态势的关注，更缺少对同一区域市州和区县两个尺度城镇经济空间结构的对比分析。基于此，本书以"一个对象（黄河流域甘肃段）、一条脉络（生态保护和高质量发展）、四个层级

（分析变化特征—总结变化规律—解释变化原因—提出发展策略）"作为主体框架，选取地处黄河上游、经济发展滞后、生态环境脆弱的黄河流域甘肃段为研究对象，通过探讨区域内城镇经济空间结构和城镇发展态势，提出相应的发展引导策略，有助于区域社会经济高质量发展并将其打造为黄河流域高质量发展示范区。

本书聚焦黄河流域甘肃段的社会经济发展，以城镇经济空间结构和城镇发展态势为抓手。

首先，在城镇经济空间结构方面，分为区域经济联系网络结构、城镇竞争优势结构、产业集聚结构三个部分，从时间序列和空间秩序对黄河流域甘肃段市州和区县两个尺度城镇经济空间结构展开分析研究。具体研究为：借助引力模型、区位商指数分别对区域经济联系网络结构、城镇竞争优势结构、产业集聚结构的演变特征展开探讨，并在此基础上利用重心模型对城镇竞争优势结构重心、产业集聚结构重心的演变轨迹、速度、方向性进行分析；以中心地理论为理想城镇空间结构的参考模式，借助DEA模型对黄河流域甘肃段城镇经济空间结构展开效能探讨。

其次，在城镇发展态势方面，考虑黄河流域甘肃段近年来有52个县级单元出现不同程度的人口缩减现象，正面对区域城镇行业人才和适龄劳动人口缩减导致劳动力缺失、发展动力不足等突出问题。为了从综合视角科学判断黄河流域甘肃段城镇单元发展的状态，进而更科学地掌握各县级单元的发展潜力，本书通过构建"人口—土地—经济"耦合交互的城镇发展评价指标，借助象限图对县域、县城人类活动实体地域进行城镇发展状态识别和分类，为区域内不同城镇单元提出精明增长或精明收缩的规划建设引导策略作依据支撑。

最后，分别构建城镇经济发展要素和城镇发展态势的影响因子指标，利用地理探测器对城镇经济发展要素和城镇发展态势分别进行因子探测，并结合工业化阶段性特征探讨城镇竞争优势、产业集聚发展水平的发展规律。根据区域发展现状和既有研究结论，分别从区域生态保护和高质量发展经济带建设、强化社会经济联系网络结构、优化城镇竞争优势结构、完善产业集聚结构四个方面提出区域经济空间结构优化的具体策略。

总之，本书从经济视角切入，以回应地方发展诉求、国家发展战略为目的，以解决实际问题为导向，提出了以"认识事物—发现规律—分析原因—提出策略"为脉络的城镇经济空间结构研究思路，构建了基于城镇发展耦合协调性变化率和城镇发展综合水平变化率的城镇收缩类型象限图判读法，并对城镇经济要素发展的规律性进行了有益探索。本书的研究以期服务于区域协调发展战略、黄河流域生态保护和高质量发展重大国家战略、《甘肃省新型城镇化规划（2021—2035年）》，为黄河流域甘肃段城镇经济空间结构优化和高质量发展提供规划理论支撑和策略参考，为同类地区城镇群研究提供思路借鉴。

本书共分为九章，其中第一章由宁雷、孟悦、刘曦撰写，第二章由宁雷、孟悦撰写，第三章由宁雷、刘曦撰写，第四章由宁雷、刘曦撰写，第五章由宁雷、刘曦撰写，第六章由宁雷、刘曦撰写，第七章由宁雷、孟悦、刘曦撰写，第八章由宁雷、孟悦撰写，第九章由宁雷、孟悦撰写。

在此感谢兰州交通大学建筑与城市规划学院、西昌学院旅游与城乡规划学院相关老师的支持与帮助。笔者能力有限，如有疏漏、不妥的地方，还请指正。

宁雷

2024.10.1

目录
CONTENTS

第1章 导论 / 1

1.1 研究背景 / 2
1.2 研究对象 / 6
1.3 研究目的与意义 / 12
1.4 研究内容 / 13

第2章 研究准备 / 15

2.1 理论基础与文献综述 / 16
2.2 研究思路与技术路线 / 29
2.3 研究数据与方法 / 32
2.4 研究方法 / 34

第3章 城镇经济空间结构演变特征 / 37

3.1 城镇经济空间结构演变研究方法 / 38
3.2 区域城镇经济联系网络结构演变特征 / 40
3.3 区域城镇竞争优势结构演变特征 / 43
3.4 区域城镇产业集聚结构演变特征 / 45

3.5 "市州—区县"城镇经济空间结构演变特征对比分析 / 50
3.6 本章小结 / 57

第4章 城镇经济空间重心迁移特征 / 59

4.1 城镇经济空间要素重心迁移研究方法 / 60
4.2 市州尺度城镇经济空间要素重心迁移特征 / 64
4.3 区县尺度城镇经济空间要素重心迁移特征 / 68
4.4 "市州—区县"尺度重心迁移特征对比分析 / 86
4.5 本章小结 / 93

第5章 城镇经济空间结构经济效能 / 95

5.1 城镇经济空间结构效能测度思路 / 96
5.2 市州尺度城镇经济空间结构效能分析 / 101
5.3 区县尺度城镇经济空间结构效能分析 / 105
5.4 "市州—区县"尺度经济空间结构效能对比分析 / 118
5.5 本章小结 / 119

第6章 城镇发展态势识别及其分类研究 / 121

6.1 城镇发展态势研究方法 / 122
6.2 城镇发展的收缩状态识别 / 125
6.3 城镇发展的收缩类型识别 / 127
6.4 本章小结 / 129

第7章 城镇发展影响因子探测及规律性探讨 / 131

7.1 影响因子探测方法 / 132

7.2 城镇经济空间要素影响因子探测 / 133

7.3 城镇发展态势影响因子探测 / 137

7.4 经济空间要素演变规律性探讨 / 143

7.5 本章小结 / 146

第8章 城镇经济空间结构优化及引导策略探讨 / 149

8.1 区域生态保护和高质量发展经济带建设 / 150

8.2 城镇经济联系网络结构优化策略探讨 / 153

8.3 城镇竞争优势结构优化策略探讨 / 156

8.4 城镇产业集聚结构优化策略探讨 / 158

8.5 本章小结 / 160

第9章 结语 / 163

9.1 主要结论 / 164

9.2 有益贡献 / 168

9.3 未来展望 / 171

参考文献 / 173

图　录 / 185

表　录 / 187

附　表 / 189

后　记 / 222

第 1 章

导论

本章包括研究背景、研究对象、研究目的和意义三个部分，在研究背景方面，从国家、流域、省域、城镇、问题五个层面梳理本书研究背景，为研究对象的确定、研究目的意义的提出提供依据支撑。在研究对象方面，结合地方实际情况和相关研究针对该地区范围的界定，明确本书的具体研究区范围，并从经济产业、历史文化遗产、自然生态环境特征、人口社会等方面综合分析研究区概况。最后结合上述分析，确定了本书的研究目的和意义，并概括本书各章节具体研究内容。

1.1 研究背景

镇和城市统称为城镇，城镇群既包括地级市，也包括小城镇。城镇群发展到一定规模便演变为城市群，因此城市群作为城镇群发展的高级阶段，城镇群的发展背景多以城市群的发展诉求体现。本书分别从国家层面（区域经济协调发展对于推动国家新型城镇化的战略引领地位）、流域层面（黄河流域生态保护和高质量发展的国家重大战略）、省域层面（黄河流域甘肃段作为甘肃国土空间格局优化的主体）、城镇层面（推进以县城为重要载体的城镇化建设新时期）、政策层面（地方、国家的政策机遇与自身发展现状）开展城市（镇）群的发展背景分析。

1.1.1 国家层面

随着区域协调发展向纵深推进，以行政区划为依据的属地管理体制与区域一体化、公共事务跨界性之间的矛盾进一步凸显，跨域公共问题的合作治理被提上政策议程，并成为我国学界持续关注的重要学术问题。市县是我国相对完整的行政管理单元和相对独立的基本经济区域，也是具体落实黄河流域区域一体化战略的基本单元，在区域城乡协调发展中扮演着重要角色。

第1章 导论

《国民经济和社会发展第十四个五年规划和2035年远景规划纲要》中指出，优化城市群内部空间结构，形成多中心、多层级、多节点的网络型城市群。在《国家新型城镇化规划（2021—2035年）》中，提出分类推动城镇发展，促进大中小城市和小城镇协调发展，形成多中心、多层级、多节点的网络型城市群结构。为加强城镇间的经济联系，需利用交通运输的连通性促进大型公共服务设施、教育医疗设施的共建共享，培育形成组团发展的都市圈、城镇群。为保证城市群、都市圈的协同发展，需建立跨行政区的利益共享和成本共担机制。此外，对于经济规模小、发展活力不足的小城镇，强调借助资源禀赋和区位条件、培育特色优势产业带动其发展。尤其是在"推进以县城为重要载体的城镇化建设"背景下，更应通过完善产业配套设施、市政基础设施、公共服务设施等措施增强城镇的承载能力，引导小城镇分类发展、抱团发展。党和国家重要文件表明，区域协调发展作为国家重大战略之一，对于推动第二轮国家新型城镇化同样具备战略引领地位，且达到前所未有的高度。

1.1.2 流域层面

黄河是中华民族的母亲河，2019年9月18日在郑州召开的座谈会上将"黄河流域生态保护和高质量发展"列为重大国家战略。对比全国城市群的发展，黄河流域城市群总体发育程度偏低，大部分城市群处于发育雏形阶段，整个流域无国家级城市群，具体包括三个区域级城市群（山东半岛城市群、中原城市群、关中平原城市群）和四个地区级城市群（晋中城市群、呼包鄂榆城市群、宁夏沿黄城市群、兰西城市群），形成"3+4"的空间组织格局，如图1-1所示。

对横跨黄河流域的青海省、四川省、甘肃省、宁夏回族自治区、内蒙古自治区、山西省、陕西省、河南省、山东省9个省（自治区）而言，《黄河流域城市群形成发育的空间组织格局与高质量发展》一文中提到，黄河流域城市群人口占9个省（自治区）的60.3%，城镇人口

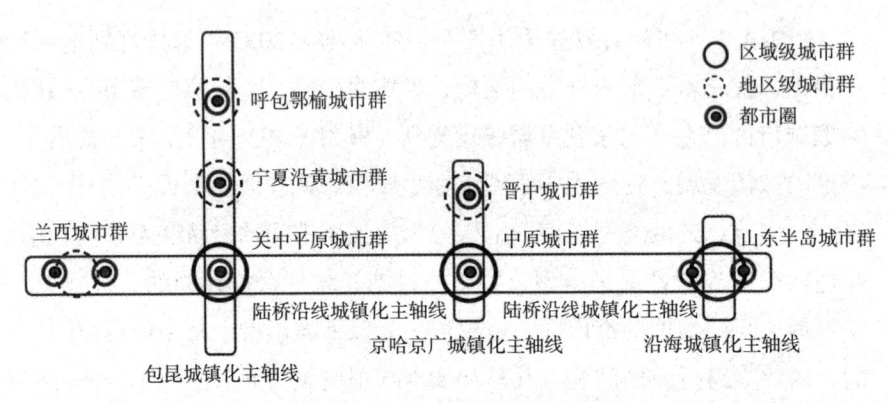

图 1-1　黄河流域城市群组织格局示意
资料来源：引自方创琳（2020）

占 55%，经济总量占 71.2%，全社会固定资产投资占 68%，财政收入占 68.2%，社会消费品零售总额占 77.9%，实际利用外资占 81.8%，工业废水排放量占 78.47%。以上数据表明，黄河流域城市群是整个流域的人口高密度集聚区、高质量发展重心区、环境污染综合治理和生态保护的重点区。在 2021 年 10 月 8 日中共中央、国务院印发的《黄河流域生态保护和高质量发展规划纲要》第十章"构建区域城乡发展新格局"中指出构建区域、城市、城乡之间各具特色、各就其位、协同联动、有机互促的发展格局，高质量高标准建设沿黄城市群。

1.1.3　省域层面

甘肃立足于地方现状条件，结合《甘肃省第十四个五年规划和 2035 年远景目标纲要》《"十四五"兰州经济圈发展规划》《黄河流域生态保护和高质量发展规划纲要》《"十四五"河西走廊经济圈发展规划》等要求，在 2021 年 10 月甘肃省委省政府印发的《甘肃省黄河流域生态保护和高质量发展规划》中，提出加快推进兰西城市群建设，强化兰州市在区域的中心城市地位，建设以兰州市、兰州新区、白银市为核心，辐射带动宁夏回族自治区、定西市的兰白都市圈，推动天水市、平凉市、庆阳市融入关中平原城市群发展，加快区域中心城市与节点城市的发展。在中国共产党甘肃省第十四次代表大会上提出了构建"一核三带"省域发展格局，其中以兰州和兰州新区为中心的1小时核心经济圈、陇东南经济带、黄河上游生态功能带均涉及黄河流域甘肃段。此外，《甘肃省国土空间规划（2021—2035年）》指出，全省构建的"3+5"主体功能区体系中，黄河流域甘肃段主要为农产品主产区和重点生态功能区，其中兰州市、天水市、庆阳市等市的部分区（县）已被列入城市化发展区。在《甘肃省国土空间规划（2021—2035年）》中提出构建的"一带一廊多通道、一主三副多节点"城镇开发格局中，黄河流域甘肃段廊（西部陆海新通道南向开发发展廊）、带（丝绸之路甘肃段城镇综合发展带）、通道（区域协同发展通道）纵横交错，含一主兰州市，三副中的天水市、平凉市与庆阳市，以及多个地区中心城市和县域中心城市。在城镇化发展路径上，要求加强中心城市兰州的规模集聚和辐射带动能力，加快县域中心城市发展，在重点地区发展小城镇，促进产业集聚发展，全面支撑人口的就地城镇化，防止和减缓人口外流。

1.1.4 城镇层面

县级单元是国家治理体系中的重要层级，且县城是我国就地城镇化、工业化、现代化的重要空间，县域是乡村振兴、脱贫攻坚、"三农"发展的主体空间。在第二轮《国家新型城镇化规划（2021—2035年）》、2021年和2022年的《新型城镇化和城乡融合发展重点任务》中均提出推进以县城为重要载体的城镇化建设，以县域为基本单元的城乡融合发展。在2020年《新型城镇化建设和城乡融和发展重点任务》中，县城发展态势已得到关注，针对收缩发展的县城，提出"审慎研究调整收缩型县（市）"。2022年5月中共中央、国务院印发的《关于推进以县城为重要载体的城镇化建设意见》中，县域、县城城镇化发展进一步得到重视，其中针对人口流失的县城强调严控建设用地增量、盘活存量、促进人口资源适度集中的转型发展。针对当下我国不同县级单元城镇发展水平态势不一、同一县级单元县城县域城镇发展水平有增有减带来的"兴衰"兼具现象，如何准确判断县级单元发展的收缩状态成为对其主体功能和经济发展类型科学定位的关键一环。

1.1.5 问题层面

"十四五"期间随着西部大开发倾斜政策以及"一带一路"重大战略的深入实施，大幅度补齐了沿黄地区城市群医疗卫生、教育短板，引导人才资金回流，但甘肃省沿黄城镇带仍存在一些问题：甘南藏族自治州（以下简称甘南州）草场退化、沙化严重，盐渍化程度高，湿地面积有缩小和破碎化的趋势；兰白都市圈的人口和城镇化集聚效应明显，但是聚集程度却远低于全国城市群的平均水平；县域公共资源分配不均，经济实力普遍不高，节点枢纽城市产业辐射能力较弱，生态环境本底差、水土流失严重。总体来讲，整个区域国土空间可持续发展受到遏制，开展区域空间格局优化具有重要价值。因此，立足于国土空间规划背景，探究区域城镇空间结构演变特征及影响因素，推进黄河流域甘肃段城镇空间结构优化工作，对于黄河流域生态保护和高质量发展起到重要作用。

1.2 研究对象

1.2.1 研究区范围

黄河流域生态保护和高质量发展的表象是黄河，根本是流域。流域研究以江河为纽带，以交通干线为骨架，通过整合和优化流域内的各种资源而形成分工与协作，故将黄河干流和主要支流流经的市州作为研究对象，即黄河流域甘肃段城镇群以省会兰州市为中心，武威市、甘南州、临夏回族自治州（以下简称临夏州）、白银市、平凉市、庆阳市、天水市、定西市为主干组成，整个区域国土面积18.9万平方千米，黄河在此绵延913千米，占了其总长度的16.7%。该区域段位于我国西北部，以山地、高原、平川、河谷等地形为主，地势由西南甘南向东北庆阳倾斜，包括亚热带季风气候、温带季风气候、温带大陆性（干旱）气候、高原山地等气候类型。为方便本书后续分析指代，将区域划分为北部（武威市）、中部（兰州市、白银市、定西市）、西南部（临夏州、甘南州）、东部（天水市、平凉市、庆阳市）四个片区。考虑区域经济发展的辐射作用和生态环境整体保护，在进行区域经济发展和生态保护研究时，以黄河流域甘肃段完整的9个市州62个县级单元为对象。

1.2.2 研究区概况

1.2.2.1 经济产业发展状况

黄河流域甘肃段作为黄河流域上游高质量发展先行区，随着近年来乡村振兴、脱贫攻坚、产业扶贫等政策的推进落实，区域整体上形成了"牛羊菜果薯药"六大特色扶贫产业体系。兰州市、白银市等地既是我国有色、冶金、石化基地，又是高新技术产业的自主创业示范区。

比较2000—2020年黄河流域甘肃段各市州第一、第二、第三产业产值占比，地区人均生产总值和城镇化率，结果如下（图1-2和图1-3）。

第一产业产值占比：20年间，除兰州市第一产业产值占比低于全省平均水平、白银市和天水市与全省平均水平存在波动交叉外，其余各市州第一产业产值占比均高于全省平均水平，表明黄河流域甘肃段整体农业基础较好，是甘肃省重要粮食生产基地。定西市、甘南州第一产业产值占比基数大，但是下降明显，表明近年来两地市产业结构逐渐由第一产业向第二、第三产业转变。

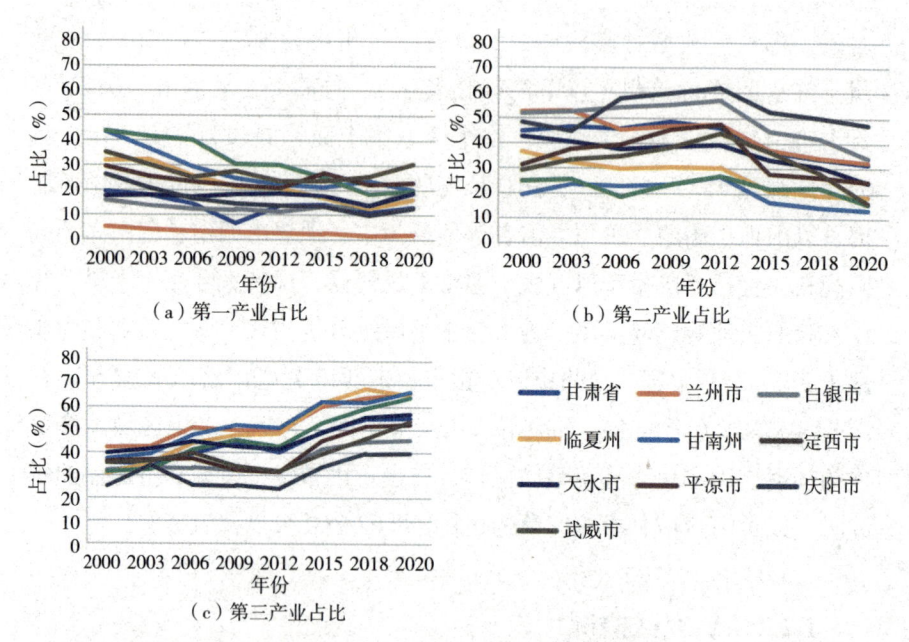

图1-2 黄河流域甘肃段城镇第一、第二、第三产业产值占比（2000—2020年）

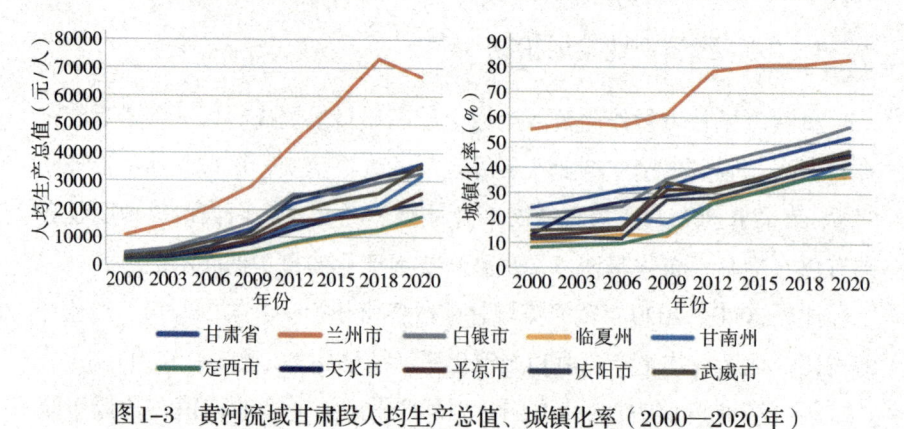

图1-3 黄河流域甘肃段人均生产总值、城镇化率（2000—2020年）

第二产业产值占比：区域整体呈现"先升后降"的变化趋势，但最终产值比重有所降低，表明在2000—2012年，黄河流域甘肃段主要通过第二产业发展促进区域经济发展。此后，在2015年国家提出供给侧改革后，区域产业结构面临转型升级、去工业化，第二产业产值比重下降。其中庆阳市、白银市、兰州市第二产业产值占比较高，兰州市第二产业产值占比基本与全省平均水平相当，定西市、甘南州、临夏州第二产业产值占比较低，表明在区域中东部的工业基础较好，区域东南部第二产业发展基础薄弱。

第三产业产值占比：区域第三产业产值占比整体呈上升趋势，发展态势较好。庆阳市第三产业产值占比最低，其中兰州市、临夏州、甘南州、定西市第三产业产值占比上升显著，但2012年后均高于全省平均水平，表明黄河流域甘肃段逐渐重视旅游、服务业发展，且在甘肃省域处于较高水平。

地区人均生产总值：区域整体经历了缓慢上升到快速上升的过程，人均产出呈向好态势。兰州市人均生产总值上升最为显著，其中除兰州市远高于全省平均水平外，白银市、庆阳市基本与全省平均水平相当，其余市州均低于全省平均水平，表明区域人均产出系数的以兰州市为中心呈现显著的极化局面。值得注意的是，兰州市2018年的人均生产总值略有下降，主要由于兰州市在甘肃省强大的极化作用下，吸纳周边市州人口带来的人口增长，而人口增速高于地区经济增速所致。

城镇化率：从整体来看，2000—2006年间，区域城镇化率呈缓慢上升；2006—2012年间，区域城镇化率快速上升；2006—2020年的城镇化率上升速度较上一阶段更缓，但整体仍处于快速上升阶段。从局部来看，兰州市城镇化率水平高于全省平均水平，兰州市城镇化经验在整个省域具有参考指引作用。

1.2.2.2 历史文化遗产概况

黄河流域甘肃段历史文化资源相当丰厚。在甘肃千年发展的历史长河中，黄河孕育了史前文化、早期秦文化、农耕文化、石窟文化以及革命文化等内涵丰富、价值突出、影响力较大的传统文化，留下了麦积山石窟、大地湾遗址、炳灵寺石窟、南梁陕甘边区革命政府旧址等数量众多、特色鲜明的文化遗产，系统反映了从人类起源、文明发展、民族繁荣到社会进步的基本过程，具有极强的历史与时代价值。这些宝贵的遗产既承载着灿烂的人类发展文明，也是中华民族文化自信的根本力量。

黄河流域甘肃段文化遗产数量众多，主要以第三次文物普及清单中的物质文化遗产为主。整理黄河流域甘肃段范围内物质文化遗产共计432处，包括87处全国重点文物保护单位，342处省级文物保护单位（图1-4），及3处未纳入保护系统的近代遗产。其中黄河干流4市州共有25处全国重点文物保护单位，108处省级文物保护单位，2处未纳入保护系统的遗产；支流水系5市州共有62处全国重点文物保护单位，234处省级文物保护单位，1处未纳入保护系统的遗产。按遗产类别划分，包括古遗址217处、古墓葬37处、古建筑102处、石窟寺及石刻32处、近现代重要史迹及代表性建筑30处、其他类别14处（表1-1）。

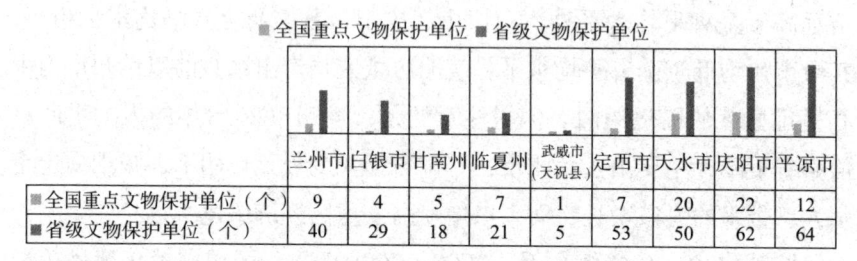

	兰州市	白银市	甘南州	临夏州	武威市（天祝县）	定西市	天水市	庆阳市	平凉市
全国重点文物保护单位（个）	9	4	5	7	1	7	20	22	12
省级文物保护单位（个）	40	29	18	21	5	53	50	62	64

图1-4 黄河流域甘肃段文保单位数量

表1-1 黄河流域甘肃段遗产类别数据表

不可移动文物类别	数量/处
古遗址	217
古墓葬	37
古建筑	102
石窟寺及石刻处	32
近现代重要史迹及代表性建筑	30
其他	14

1.2.2.3 自然生态环境特征

黄河流域甘肃段作为整个黄河流域的重要水源补给、涵养区，存在严重的缺水问题，常年干旱少雨，年平均降水量维持在200~300毫米，黄河流域甘肃段用44%的水资源量支撑着甘肃省80%的人口经济总量，水资源制约明显，资源环境承载力偏弱。黄河流域甘肃段作为黄河上游的重要生态功能带，受全球气候变暖、乱砍乱伐、人类活动加剧等因素的影响，区域上游的甘南州、临夏州地区地表旱化、草场土地沙化、湿地面积减少等问题突出，导致生态稳定性持续降低。在中部兰州沿黄地区、陇中陇东黄土高原地区、甘南黄河上游水源补给地区均存在水土流失的生态问题，陇中、陇东黄土高原地区每年的入黄泥沙量占黄河年均输沙量的26%，水土流失问题突出。

在《甘肃省国土空间规划（2021—2035年）》中甘肃省战略定位之一为国家西部生态安全屏障，强调在黄河干流流经的区域建设以水源涵养和水土保持为重点的黄河上游生态功能带，在构建的"四屏一廊、两主三副"的生态保护格局中黄河流域甘肃段涉及甘南高原黄河上游水源补给国土空间保护屏障、陇东陇中黄土高原水土保持国土空间保护屏障、南部长江上游水土保持与生物多样性国土空间保护屏障、中部沿黄地区水土保持国土空间保护廊道，该区域内多个地区需实施山水林田湖草生态保护和修复、矿山生态修复、土壤环境修复等工程。

1.2.2.4　人口社会现状

第七次全国人口普查数据显示，2020年黄河流域甘肃段年末总人口1.953×10^7人，较2018年减少了1.118×10^6人，减少比重达5.72%。其中，在县级尺度上，仅10个县级单元人口有所上升，其余52个县级单元均出现不同程度的人口缩减现象。面对区域城镇行业人才和适龄劳动人口缩减导致劳动力缺失、各县级单元间城镇发展差异突出、城镇发展缺少增长极等突出问题带来的发展压力，仍需突破人口缩减的表象，从综合的视角科学判断黄河流域甘肃段县级单元城镇发展的实际收缩情况，进而更科学地掌握各县级单元的发展潜力，为区域内不同县级单元提出精明增长或精明收缩的规划建设引导策略作依据支撑。

1.3 研究目的与意义

1.3.1 研究目的

针对我国西部欠发达地区城镇经济空间结构及城镇发展态势实证研究缺乏、理论探索不足等问题，研究以地理区位特殊、经济发展动力不足的黄河流域甘肃段为例，依托地方的社会经济和政策背景，对其城镇经济空间结构及城镇发展态势展开研究，明晰城镇经济空间结构的演变特征、结构效能与城镇发展的态势，找出影响城镇经济空间要素和城镇发展态势的相关因素，并就产业集聚水平、城镇竞争优势与城镇所处的工业化阶段进行规律性特征探讨，最后提出促进区域城镇经济空间结构优化和各市州发展的具体策略。以期服务"黄河流域生态保护和高质量发展"重大国家战略、《甘肃省新型城镇化规划（2021—2035年）》，为黄河流域甘肃段城镇经济空间结构优化和高质量发展提供规划理论支撑和策略参考。

1.3.2 研究意义

理论意义：研究立足于第二轮新型城镇化发展要求和既有研究，考虑从经济视角对城镇空间结构及其发展态势展开探讨，同时对市州和区县两个尺度进行对比分析。通过研究，本书形成了更为系统的城镇经济空间结构研究思路，有助于弥补西部欠发达地区既有城镇空间结构演变研究的空缺并回应中心地理论，将中心地理论中城镇空间结构的理想模式与黄河流域甘肃段城镇发展的实际情况相结合，完善城镇经济空间结构发展理论。此外，在现有关于收缩城市研究的方法基础上，构建了判断城镇发展态势的象限图方法，为城镇发展状态的识别提供了新的方法。

实践意义：黄河流域甘肃段作为黄河上游、甘肃全域经济发展的重要增长极，对整个流域、省域高质量发展的重要性不言而喻，但区域发展却存在城镇化水平低、集聚效应不足、城镇发展水平不一等现实问题。只有明晰城镇经济空间结构演变特征、规律及城镇发展态势，才能为区域协调发展、国土空间格局优化提供前瞻性、战略性的政策建议，从而推动黄河流域甘肃段各城镇在错位分工中互补发展，将重点城镇打造为区域经济增长的引擎。同时，为欠发达地区城镇经济空间结构优化提供实证参考。

1.4 研究内容

本书以黄河流域甘肃段城镇群为研究对象，从时间序列、空间秩序两个维度对黄河流域甘肃段城镇群空间结构的演变特征、演变规律进行研究，并分析空间结构演变的影响机制，接着对区域城镇发展态势的识别、分类进行探讨，以期为黄河流域甘肃段城镇群高质量发展、空间格局优化提供政策建议，主要内容如下：

第1章为导论。作为本书提纲挈领的部分，包括对研究背景、研究对象与研究目的与意义、研究内容的说明。其中研究背景从国家、流域、省域、城镇、问题五个层面展开叙述；研究对象方面，指出了研究区范围，并从经济产业、历史文化遗产、自然生态环境、人口社会四个方面进行了详细说明。

第2章为研究准备。为本书后续研究做好准备工作，包括理论基础与文献综述、研究思路与技术路线、研究数据与方法三个部分，具体包括对城市化与城镇化、城市群与城镇群、城市竞争力、产业集聚、区域空间结构、经济空间结构等概念进行界定；对国内外城镇群空间结构的研究进展进行了梳理总结，并提出本书旨在解决的问题；对区域空间结构理论、空间相互作用理论、经济地理区位理论分别进行了说明。在此基础上，提出了本书的研究思路和技术路线。

第3章为黄河流域甘肃段城镇经济空间结构演变研究。首先指出了引力模型、区位商指数两种研究方法，接着从时间序列、空间秩序两个维度对区县、市州两个尺度的经济空间结构演变展开分析，具体包括区域经济联系网络结构演变特征、城镇竞争优势结构演变特征、产业集聚结构演变特征三个方面的分析讨论。

第4章为黄河流域甘肃段城镇经济空间要素重心迁移轨迹研究。首先对空间结构演变专题制作、重心点集演变特征、重心点集方向分布的研究方法进行说明，接着从市州和区县两个尺度分析城镇竞争优势、产业集聚水平的重心迁移轨迹特征，从迁移轨迹、迁移速度、迁移方向性三个角度进行分析。

第5章为城镇经济空间结构效能研究。研究首先对城镇经济空间结构效能的测度思路进行了说明，即基于中心地理论，利用数据包络分析（DEA）对城镇经济空间结构的效能展开探讨，掌握不同经济要素对应空间结构的演化特征和合理性。

第6章为城镇发展态势识别及其分类研究。首先确定了研究指标权重、城镇发展收缩水平识别、耦合协调性测度、城镇收缩类型甄别的具体方法，接着从县域、县城两个视角对黄河流域甘肃段62个县级单元（县、市辖区、县级市）进行城镇收缩状态、类型识别。

第7章为城镇发展的影响因子探测及规律性探讨。首先提出利用地理探测器对城镇经济空间要素和城镇发展态势的影响因子进行探测，接着分别构建指标体系，从单因子和主导因子交互两个方面先对城镇经济空间要素的影响因子进行探测、再对城镇发展态势的影响因子进行探测。

第8章为黄河流域甘肃段城镇经济空间结构优化策略。结合本书前面各章节的研究结论对黄河流域甘肃段生态保护和高质量发展经济带建设、经济联系网络结构、城镇竞争优势结构、产业集聚发展结构提出具体的在地性策略。

第9章为结语。根据前8个章节的内容进行归纳总结，得出本书的主要结论以及贡献。此外，根据研究分析的结果进行理论性思考，对未来研究进行展望。

第 2 章 研究准备

本章主要为整个研究提供基础支撑。通过明确基本概念、掌握最新研究进展和相关理论基础能够为后续研究提供科学支撑。首先，在理论基础与文献综述方面，包括城市（镇）化、城市（镇）群、城市竞争力、产业集聚、区域空间结构、经济空间结构、收缩城市等基础概念的解读；国内外关于城镇群空间结构研究的相关进展以及既有研究值得借鉴之处和存在的不足，为本书拟解决的问题提供依据；区域空间结构理论、空间相互作用理论、经济地理区位理论等理论基础。其次，在梳理现有理论基础与文献综述的前提下，提出本书的具体研究思路和技术路线，并确定本书在城镇经济空间结构和城镇发展态势方面的研究数据和相关指标体系。最后，通过文献梳理和理论分析、定性定量分析、实证分析与模式归纳等方法为本书各章节后续具体研究方法的提出提供宏观方法指引。

2.1　理论基础与文献综述

2.1.1　概念界定

2.1.1.1　城市化与城镇化

城市的生长发育过程就是城市化，是当今社会、经济发展的普遍现象之一。我国学者顾朝林认为城镇化是城乡人口结构转变、城市土地扩张、社会经济发展的过程，具有综合性、系统性、复杂性等特征。清华大学社会学系李强教授认为城镇化包括就近城镇化和就地城镇化，其中就近城镇化指原农村人口不是远距离迁徙，而是近距离迁移到家乡附近的市（镇），界定为以地级市和县级城镇为核心的城镇化；而就地城镇化更强调农村地区的就地改造，即在乡村地区完成现代化、城镇化的转型。总而言之，城镇化形成两点共识：既表示城市数量增加以及城市自身规模扩大的过程，又指城市常住人口数量在社会总人口中比重上升的过程。

2.1.1.2 城市群与城镇群

城镇群与城市群、都市圈的发展相辅相成、密不可分。我国学者早先进行城市群概念界定，主要是通过对国外学术概念的译用，1983年于洪涛、宁越敏提出"巨大城市带"的概念，而"城市群"的首次提出是在1985年宋家泰、崔功豪、张同海等人编写的《城市总体规划》一书中。当今城市群这一概念被定义为在特定地域范围内具有相当数量的不同性质、类型、等级规模的城市，以一个或两个超大或特大城市作为地区经济核心，共同构成的一个相对完整的城市集合体。城镇群一般又称城镇集聚区，以某个大城市为核心，若干个规模不一、性质各异，但经济、社会、文化有密切联系的城镇（市）组成的多核心城镇群。此后随着通勤圈概念的提出，城镇群指以多个重点城镇为核心，空间功能和经济活动紧密关联、分工合作所形成的小城镇整体竞争力的区域，一般为半小时通勤圈，是空间组织和资源配置的基本单元，体现城乡融合和跨区域公共服务均等化。

2.1.1.3 城市竞争力

关于城市竞争力的定义多从创造财富、竞争资源、产业构成等方面展开讨论，其中中国社会科学院倪鹏飞在《中国城市竞争力理论研究与实证分析》一文中将其界定为：一个城市在竞争和发展过程中相比其他城市在吸引、争夺、拥有、控制资源的能力，而城市相比周围其他城市的这些能力更多地表现为与区域其他城市的经济联系能力和辐射带动能力。因此本书将某一城市与区域其他城市总的经济联系强度作为该城市在区域中的竞争力。

2.1.1.4 产业集聚

产业集聚通常指相同或相关产业在地理空间上不断聚集的过程，产业集聚将产生规模经济、促进技术创新、降低成本、提升产品质量和产业服务能力。同时产业集聚也有助于提升城市在区域中的竞争力，促进区域和产业自身发展。

2.1.1.5 区域空间结构

区域空间结构常指在某一区域空间内各个要素所表现的集聚或分散形式以及它们相互作用的空间组织形态，常常表现为人流、物流、资金流、信息流等在区域内的流动特征，一般将这些特征归纳为单中心、多中心、集中式、分散式、连绵式等模式。

2.1.1.6 经济空间结构

在区域中，各城镇对应的不同产业组织的区位偏好和空间组织形式影响着区域城镇空间结构，即经济视角下的区域空间结构。城镇经济空间结构通过产业专业化与多样化、地方企业竞争、城镇经济规模、城镇经济联系等要素投射到区域空间上，主要体现在城镇经济联系网络结构、城镇竞争优势结构、产业集聚结构三个方面。

2.1.1.7 收缩城市

第二次世界大战后国外部分城市面对去工业化、郊区化、全球化、社会结构变化等引发的社会问题带来的城市衰退现象日益明显，这种衰退现象在20世纪90年代被正式定义为"城市收缩"。相关研究主要以人口下降流失作为城市收缩的主要表现形式，国际收缩城市研究网络（SCIRN）也将收缩城市定义为"拥有10000人口以上，在两年内因某些结构性危机造成人口流失的人口密集城市区域"。在中国，收缩城市没有明确的定义，但相关研究仍聚焦于"人口流失"。

2.1.2 国内外研究进展

2.1.2.1 国外城镇群空间结构研究进展

在城镇群空间结构研究的概念、理论、方法层面。自工业革命以来，城市作为劳动力、技术、资金等生产资料的承载空间，在社会经济发展中扮演着重要角色，并随着城市工业发展产生了基于成本和收益差异的"集聚/规模经济"与"集聚/规模不经济"提法，但因电车、火车、飞机等交通设施及电报、电话、互联网等通信设施的发展，这种基于等级、规模的静态空间效益说法逐渐瓦解，城市间的密切合作和激烈竞争逐渐转向人口、经济、技术等方面各种流量的争夺。城市的发展更加依赖和其他城市与区域的经济、信息交流，城市间的地理学第一定律被"打破"，城镇集群、大都市带、全球城市、城市群等概念逐渐进入城市地理学、经济地理学、城市规划等领域学者的视野，即城市经济联系网络结构作为社会行动者间复杂关系结构的隐喻，开始得到相关研究者的积极回应。随着研究的积累，在概念上，已经形成了城市系统、城市区域、全球服务中心、世界城市体系等术语。在理论上，已经积累了中心地理论、核心边缘理论、地域分工理论、地理学第一定律、流空间理论等基础理论；在方法上，已经形成了基于城市间社会经济联系进行蛮力或随机排序的全球化与世界城市网络（GaWC）研究小组、从企业金融视角探究世界城市网络（即联锁网络模型方法）、基于城市间规模和距离的引力模型及各种修正引力模型、基于城市间流的方向和权重的社会网络分析等方法；在实证研究中，已经形成了企业金融、交通设施、通信网络、知识创新等研究视角。以上研究的积累为结构网络视角的城镇经济空间研究奠定了方法和理论基础。

具体来看，城镇群概念的前身是1898年霍华德《明日的田园城市》中所提出的城镇群体（Town Cluster）概念，他首次提出城乡磁体，将城市和乡村视为一个整体。在1915年格迪斯《进化的城市》中将区域内城市之间的联系视为城镇集合（Conurbation），1957年法国地理学家戈特曼通过对美国东北部沿海城市研究提出大都市带（Megalopolis）的概念，此外还有国外学者提出城市群（Urban Agglomeration）、大都市区（Metropolitan Area）、特大城市区（Mega-urban Region）等概念，但后来大都市带（Megalopolis）和大都市区（Metropolitan Area）这两个概念基本与国际相关研究术语对标。针对大都市区的研究早先在美国受到关注，20世纪40年代美国人口普查局为了研究区域经济的增长，设计了"标准大都市区（Standard Metropolitan Area，SMA）"这一概念，到20世纪80年代又简化为"大都市统计区（Metropolitan Statistical Area，MSA）"。在此期间，城市群空间结构研究也持续发展，1949年Zipf提出位序—规模法则，他认为一个区域内任何一个城市的人口数量与它的位序的乘积等于区域内第一大城市的人口数量，即城市的人口规模等级分布满足帕累托最优；1966年弗里德曼提出"核心—边缘理论"用于解释区域空间演变模式；1986年弗里德曼提出"世界城市假说"，他认为世界城市是全球经济系统的中枢或者节点，具有支配和控制世界经济的功能，这一假说也进一步推动了城市群空间结构的研究；2006年霍尔和佩因对西北欧8个巨型城市区域进行研究，发现只有兰斯塔德和莱茵鲁尔在形态上呈多中心分布，多数都是在功能上呈现多中心化特征。

随着研究的不断深化，城市群空间结构的研究内容、视角均不断迭代，2004年Alderson等人运用中心度和模块化网络方法分析了世界主要城市群的等级规模结构，进而比较不同国家在全球体系中地位的差异性。Lee B和Gordon P对美国都市群空间结构与经济增长间的关系进行探索时，发现经济的集聚或分散与大都市地区的规模结构相关，但并没有一种适合经济增长的最佳城镇空间组合形式。MÀ Garcia-López和I Muñiz从大都市视角分析了巴塞罗那城市空间结构对地方经济增长的影响，发现城市空间结构对经济增长存在重要作用。EJ Meijers和MJ Burger对美国大都市区的空间结构和生产力分析时，从单中心和多中心角度探讨集聚外部性作用，发现城镇结构的多中心与更高的劳动生产力有关，集聚不经济对多中心结构的影响小于单中心。JB Parr在系统分析区域经济、空间结构与区域城市系统的关系时，肯定了空间结构对区域经济增长的重要影响，认为基于位置理论模型从系统视角分析空间结构将更为全面客观。H Dadashpoor和Z Yousefi从集中或分散的视角对信息通信技术相关的城市空间结构研究进行了述评，认为正确理解信息通信技术与城市空间结构之间的关系对于城市规划者、专业人员、研究人员和管理者至关重要。Daniel等使用空间关联的局部指标和其他空间分析技术分析美国大都市区的城市空间结构，发现单中心结构在大部分大都市区持续存在。Luca Salvati和Giuseppe Venanzoni等采用探索性空间数据分析（ESDA）调查三个南欧大都市区（巴塞罗那、罗马和雅典）建成区分布的变化，发现巴塞罗那向多中心主义缓慢转变。以上研究丰富了经济、信息等与城镇群空间结构形成的关系，以及随着区域经济发展，城镇群空间结构由单中心向多中心转变的演进规律。

2.1.2.2 国内城镇群空间结构研究进展

国内有关城镇群空间结构演变的研究较晚，且在早期以借鉴国外相关研究理论和方法为主。在概念上，1983年于洪涛、宁越敏首次引入国外的"巨大城市带"后，1992年姚士谋首次使用"城市群"命名我国城市密集地区，随着城市群概念逐渐明晰，关于城市群的实证研究逐渐增加。在理论上，1984年陆大道在佩鲁的增长极理论基础上提出一种区域开发新模式—点轴开发模式，点指各个城市节点、区域经济中心城市，轴指沿交通干线、河流通道等形成的发展轴，这些点和轴通过基础设施联系起来。同年，陆大道提出中国"T"字型的国土空间发展战略，由东部沿岸经济带和长江中下游经济带两条主轴形成，该区域空间格局满足当时改革开放所推行的沿海开放战略，被写入《全国国土总体规划纲要（1985—2000年）》。1998年陆玉麟提出双核发展理论，他认为区域内的两个核心城市因为功能差异和经济联系促使区域一体化发展，其中一个核心城市承担经济功能，另一个核心城市承担交通枢纽功能，类似于港口城市，这两个城市一个服务于区域中心区，一个服务于区域边缘，如成渝城市群、京津冀城市群基本都满足双核发展理论。2006年姚士谋根据城市的分布将城市群空间结构分为集聚式城市群，带状城市群，以及放射状城市群。2011年顾朝林在姚士谋的基础上，增加了飞地式和点轴填充式两种城市群空间发展模式。2014年方创琳提出了"5+9+6"的中国城市群空间结构新构想，即5个国家级城市群、9个区域性城市群、6个地区级城市群。中华人民共和国国民经济和社会发展第十四个五年（2021—2025年）规划和2035年远景目标纲要中强调形成"两横三纵"城镇化发展战略格局，建设"5+5+9"的城市群发展格局，即5个优化提升阶段的城市群、5个发展壮大阶段的城市群、9个培育发展阶段的城市群。

在国内城市群空间结构相关理论发展的过程中，针对城市群空间结构的实证研究也同步展开。2012年陆铭研究发现我国城市群没有形成高效的网络结构，而具有扁平低效的结构特征；2016年孙特山通过研究中国三大核心城市群的集聚空间结构演化，发现京津冀地区和珠江三角洲主要通过中心城市的经济极化推动区域经济增长，而对于长江三角洲则主要是多中心集聚在推动地区经济增长；2018年邹晨、欧向军等通过引力模型与社会网络分析方法发现长三角城市群经济联系格局呈现"东—南—西—北"四大板块，且为明显的"核心—半边缘—边缘"结构特征；2018年于丙辰、刘玉轩等利用夜间灯光数据和POI数据对南海港口城市展开研究，发现三亚作为重要的南海港口城市，城市的中心区域与港口关联密切；2019年范擎宇、杨山等通过对长江三角洲城市群空间结构演变研究发现，城市群内部的高协调城市逐渐显现出以上海为核心的"Z型"分布态势，低协调城市则稳定分布在长江三角洲城市群扩容后的范围，且相比人口和经济城镇化，土地城镇化对长江三角洲城市群协调发展的促进作用更大；2020年程钦良、张亚凡等通过对兰西城市群规模结构和网络结构特征及变动规律进行研究发现，兰西城市群"核心—边缘"的结构模式明显，"点—轴—面"的演化进程缓慢，由于辐射能力有限，"双圈"间的经济带联系存在一定程度的"断裂"。2021年11月，《地理研究》期刊启动了"城市网络外部性"的征稿，共遴选15篇相关论文，涉及全国、区域尺度的城市网络结构外部性研究，研究数据包括政府企业官方统计的传统数据及互联网社交平台粉丝、手机通话数据、手机信令数据等大数据，涵盖经济绩效、创新绩效、地理邻近及自组织规律、借用规模等多个主题，该专辑基本勾勒出了城市网络结构外部性研究议程的雏形。国内关于城镇群空间结构研究的积累表明，我国学者既学习借鉴了国外相关研究的概念、理论、方法，又对研究对象进行了本土化，得出了基于我国国情的城镇群空间结构发展模式。

2.1.2.3 研究述评及问题提出

从国内外的研究进展来看，国外城镇群空间结构相关概念、理论、方法早于国内，我国的相关研究是在国外既有研究的基础上进行本土化，在21世纪后，我国关于城镇空间结构的研究在研究方法、研究视角、研究深度等方面都更新较快，逐渐反哺国外相关研究。具体而言，国外提出的概念、理论往往由规划实践总结而来，因此理论发展与实证研究区分不甚明显，逐步形成了以克里斯塔勒的"中心地理论"和弗里德曼的"核心—边缘理论"为理论基础的研究主线，且大致经历了"初探城镇空间结构—城镇空间结构发展规律—城镇空间结构演变机制—城镇空间结构演变预测"等由浅入深的过程。国内城镇空间结构演变的研究主要是在国外已有理论的基础上，结合我国城市化进程和国情进行相关研究。但研究内容主要涉及城镇空间结构演变规律、特征的总结，对演变动因研究和经典理论回应较少；研究对象主要为我国东部、中部地区城镇群，对西部关注较少；研究视角仍以城市群人口结构、土地结构为主，少有对社会经济发展的考量；研究尺度主要为市州尺度，对于城市（镇）群内部城市间联系紧密程度、产业集聚程度所形成的城镇结构研究较少，对城市（镇）群的市州尺度和区县尺度所形成的空间结构进行对比分析更显缺乏。

通过对国内外相关研究的总结，本章试图在借鉴已有研究理论、方法的基础上，结合当前我国黄河流域生态保护与高质量发展、新型城镇化等重大国家战略，以黄河流域甘肃段城镇群为例，对其空间结构演变特征、演变规律、结构效能、内在机理进行系统分析。试回答以下几个问题：①黄河流域甘肃段城镇经济空间结构演变特征如何？②黄河流域甘肃段城镇经济空间结构对应的经济效能如何？③黄河流域甘肃段城镇经济空间结构的演变受那些因素影响？④如何对黄河流域甘肃段城镇经济空间结构进行优化提升？以上问题的解答，将弥补西部欠发达地区城镇经济空间结构演变研究的不足，为同类地区相关研究提供实证参考，为黄河流域甘肃段城镇经济空间格局优化提供参考依据、贡献学科力量，助力地区一体化、高质量发展。

2.1.3 理论基础

城镇经济空间结构作为区域空间结构的分支，是区域空间上各个城镇间互动、竞争的结果，这一结构又将以产业在地理空间上的分工、集聚得以体现，其中在区域空间结构方面，以克里斯塔勒的中心地理论、弗里德曼的核心边缘理论、陆大道的点轴理论最具代表，较为科学地归纳了区域不同等级规模、发展水平的城镇在地域空间上的分布特征。在城镇空间相互作用方面，主要通过城镇间的极化涓滴效应体现发达城镇与欠发达城镇间的相互作用，通过区域或城镇经济产业的集聚变化，使城镇间的竞争结构发生变化，因此极化—涓滴效应、集聚经济与集聚不经济共同表征了城镇空间的相互作用特征。在经济地理区位方面，主要体现在农业、工业等产业在地理空间上的分布区位和要素流动上，其中在杜能的农业区位论、韦伯的工业区位论中具有较好的体现，此后，克鲁格曼的新经济地理学进一步分析了产业在地理空间上的分布、集聚特征及集聚带来的规模效应。基于以上的理论基础，配第提出了产业随着社会经济发展的演进规律，总结了产业发展的趋势。

2.1.3.1 区域空间结构理论

中心地理论：德国城市地理学家克里斯塔勒受杜能的农业区位论和韦伯的工业区位论影响，他假设每一个点都有接受中心点的同等机会，每一个点到任一点的通达性只与距离成正比，均有一个统一的交通面，在理想地表上建立了中心地理论。其中的中心地具有以下特点：中心地的等级由所提供的产品服务等级决定；中心地的等级决定了中心地所服务的范围以及服务地的数量；相同等级中心地的数量与它的等级成反比，服务范围与等级成正比；高级的中心地能够提供低级中心地的商品服务；中心地等级体系呈金字塔型，且高级中心地附属几个中级中心地与多个低级中心地。根据中心地理论的假设与中心地的特点，克里斯塔勒推导出六边形网络的聚落分布模式，如图2-1所示。1940年，德国经济学家廖什对中心地理论进行了补充，他以交通干线为界分成富裕区与贫穷区，其中在交通干道两侧商品服务集中，形成富裕区，交通不便的地方产品服务与人口都更少，形成贫困区，交通干道两侧的差异后来被称作"廖什景观"。中心地理论不仅为人文地理学作出重要贡献，也是城镇空间结构研究的重要理论之一。

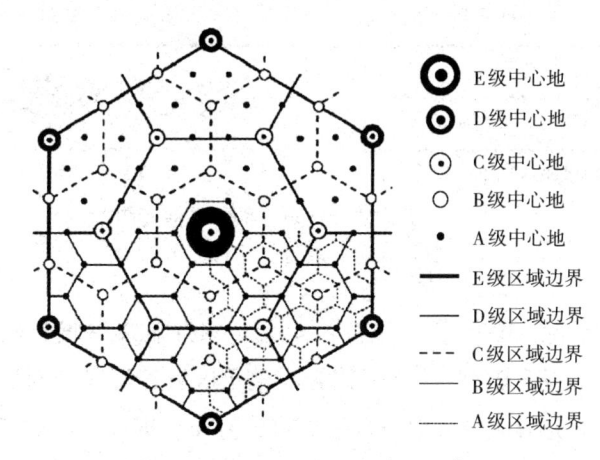

图2-1 中心地理论正六边形示意图

核心—边缘理论：1966年美国地理学家弗里德曼从行为学角度提出解释区域空间演变模式（一个区域由孤立发展到发展不平衡，再到相互关联的平衡发展过程）的"核心—边缘理论"。他将区域经济空间结构演变分为四个阶段：第一阶段为前工业化阶段，此时经济以发展农业为主，交通不便，各地区自给自足，相对独立；第二阶段为工业化初期阶段，工业生产带来社会分工，生产开始集中在市场繁荣、资源丰富、交通便利或位置优越的地区，发展成为核心（即城市），由核心向边缘扩张的过程就是城市化过程；第三阶段为工业化成熟阶段，核心城市发展迅速且与边缘地区的矛盾逐渐突显：核心政治区域与边缘地区权力分配的矛盾、资金流向核心地区引发的矛盾、技术创新的矛盾、劳动力由边缘流向核心的矛盾，这些矛盾代表着核心对边缘的支配作用；第四阶段为后工业化阶段，随着社会经济发展，边缘地区周边产生新的次中心且逐步具备以前的核心具有的功能，整个区域功能上基本平衡，形成了高度一体化、相互依赖的城市体系，如图2-2所示。

（a）前工业化阶段　　　　　　　（b）工业化初期阶段

（c）工业化成熟阶段　　　　　　（d）后工业化阶段

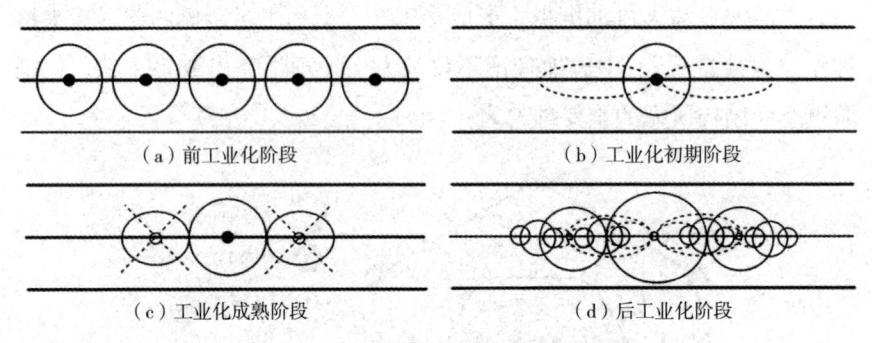

图2-2　弗里德曼区域空间结构演变图

资料来源：陆玉麟（1998）

点—轴理论：我国著名学者陆大道1984年在佩鲁增长极理论的基础上提出了"点—轴理论"。他认为在整个区域经济发展的早期，在条件较好的地方会形成经济中心且呈斑点式分布，即区域内散点分布的增长极，点—轴理论中的点。随着经济进一步发展，通过道路交通、水路运河将点与点之间的要素串联起来形成轴线，轴线一经形成，便吸引周边的人口、产业等要素向轴线两侧集聚，最后形成点—轴系统。点—轴理论强调沿海、沿江、沿河形成发展带，此后陆大道结合我国国情和政策背景提出"T"字型空间发展理论，长江中下游经济带和东部沿海经济带形成两条发展轴，两条经济带上的核心城市或城市群作为国家经济发展重要支撑点。点—轴理论既揭示了区域经济发展的不均衡性，也揭示了社会经济发展空间组织的规律性。

2.1.3.2 空间相互作用理论

极化—涓滴效应：1958年美国经济学家赫希曼通过对美国南北方经济发展关系的研究，提出"极化—涓滴效应"，解释了经济发达地区与欠发达地区之间的相互作用[8]。他认为区域经济的发展先要通过极化作用形成核心发展区，再通过涓滴效应带动区域经济发展，且对于区域经济发展，涓滴效应的作用大于极化效应。其中极化效应包括两个方面：一是发展差的地方的要素向发展较好的地方流动，如劳动力、产业等；二是在国内贸易中，经济水平高的地区生产进口替代性产品，经济差的地区为了避免关税而向经济水平高的地区购买，即输送资金。涓滴效应指经济发达地区对经济欠发达地区所产生的福利效应，包括吸收欠发达地区的劳动力，缓解就业压力；对欠发达地区进行投资，刺激其经济增长；将发达地区的先进技术、管理经验等进步因素涓滴给欠发达地区，促进整个区域经济增长。

集聚经济与集聚不经济：集聚经济指区域内的各类要素在空间上集中所带来的经济效益，表现为一种向心力作用：人口的集聚促进知识共享、推动创新；企业在人口密集的地区集聚，有利于推动消费，促进经济发展。当集中水平到达一定程度，便开始出现集聚不经济，即产生交通拥挤、地方资源不足、用地用水紧张、住房拥挤等问题。因此随着集聚规模的不断扩大，集聚不经济也会逐渐显现，并慢慢抵消集聚带来的经济效益。为谋求区域可持续发展，区域内的人口、企业将会由集聚再次走向均衡发展的分散阶段。

2.1.3.3 经济地理区位理论

农业区位论：1826年德国农业经济学家杜能在其著作《孤立国》中提出农业区位论，如图2-3所示。杜能认为在市场经济条件下，大部分农产品都会以商品的形式卖出，因此农产品带来的商业利润成为农业选址的重要指标。针对整个理论的建立，杜能提出以下假设：有一个孤立国与世界其他地方没有联系；孤立国中只有一个市场（中心城市）；中心城市周围均为农业；整个孤立国各个地区的农产品运往市场只有马车一种通行方式；农民种植的农业技术都一样且各种农产品向市场运送时单位距离的运费一样。在满足自然、交通、技术这些条件都相同的情况下，不同地方的农产品运送到市场（中心城市）的距离所产生的运费差成为了农产品收益的主要影响因素，即"经济地租"。

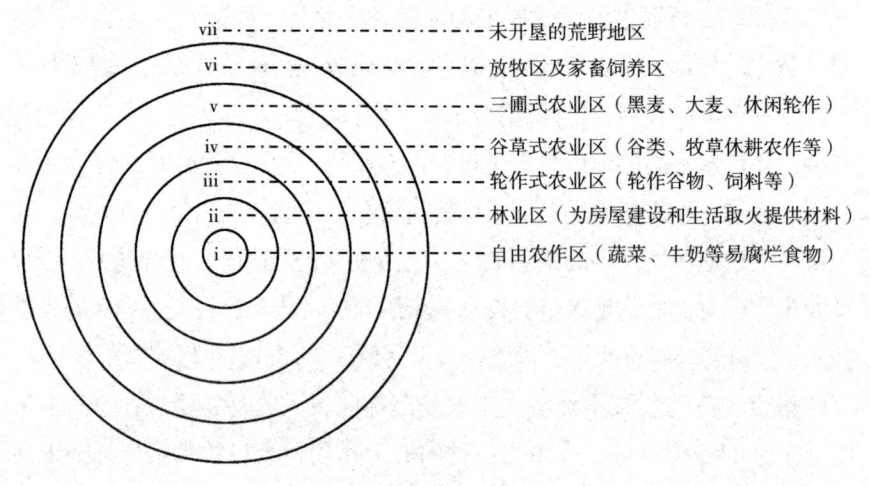

```
vii —————— 未开垦的荒野地区
vi ——————  放牧区及家畜饲养区
v ——————   三圃式农业区（黑麦、大麦、休闲轮作）
iv ——————  谷草式农业区（谷类、牧草休耕农作等）
iii ——————  轮作式农业区（轮作谷物、饲料等）
ii ——————   林业区（为房屋建设和生活取火提供材料）
i ——————   自由农作区（蔬菜、牛奶等易腐烂食物）
```

图2-3 农业区位论示意

工业区位论：1909年德国经济学家韦伯在其《论工业区位》一书中系统解释了工矿企业区位选择的依据，他认为区域产业集聚布局受到地方资源禀赋、交通通达性、劳动力数量、产业自身已有规模等因素综合影响。此后马歇尔发现，区域产业集聚还与产业的正外部性相关，因为产业集聚区自身技术知识的溢出也会吸引区域周围类似产业资源，进而形成了"循环累积因果"关系。

新经济地理学理论：在1991年克鲁格曼提出的新经济地理学中，认为一个区域产业一旦发生集聚，该产业就有进一步加强集聚实现自我强化的可能，在自身产业集聚增强的过程中同样受到交通通达性、集聚经济和外部性经济等影响，即产业集聚与否会受到交易成本、产业竞争力、生产效率、要素流动的综合影响。

配第—克拉克定律：在英国经济学家科林·克拉克出版的《经济进步的条件》一书中研究了经济发展与产业结构变化之间的关系和第一、第二、第三产业分类，并通过对多个国家的时间截面数据进行统计发现：随着人均国民收入水平的提高，劳动力由第一产业向第二产业转移，当人均收入进一步提高后，劳动力便由第二产业向第三产业转移，即配第—克拉克定律。此后将劳动力转移延伸到产业结构中，即随着社会经济的发展，将经历"一二三、二三一、三二一"的产业结构演变过程。

2.2 研究思路与技术路线

2.2.1 研究思路

在对国内外相关研究文献及基础理论进行梳理的基础上，对于城镇经济空间结构的研究而言，按照"分析变化特征—总结变化规律—解释变化原因—提出发展策略"的事物剖析逻辑，从时间序列、空间秩序两个维度对黄河流域甘肃段城镇经济空间结构的演变特征、轨迹、方向、结构效能进行归纳，从城镇化水平、经济实力、人民生活质量、开发建设、产业结构、政府活力等方面分析城镇经济空间结构的影响因素。城镇发展态势方面，主要参考现有关于收缩城市的研究，提出关于城镇发展态势探讨的具体方法，并对黄河流域甘肃段62个县级单元的城镇发展态势展开具体分析，最终结合区域城镇经济空间结构和城镇发展态势提出相应城镇经济空间结构的具体优化策略。

2.2.2 技术路线

本书研究的技术路线如图2-4所示。

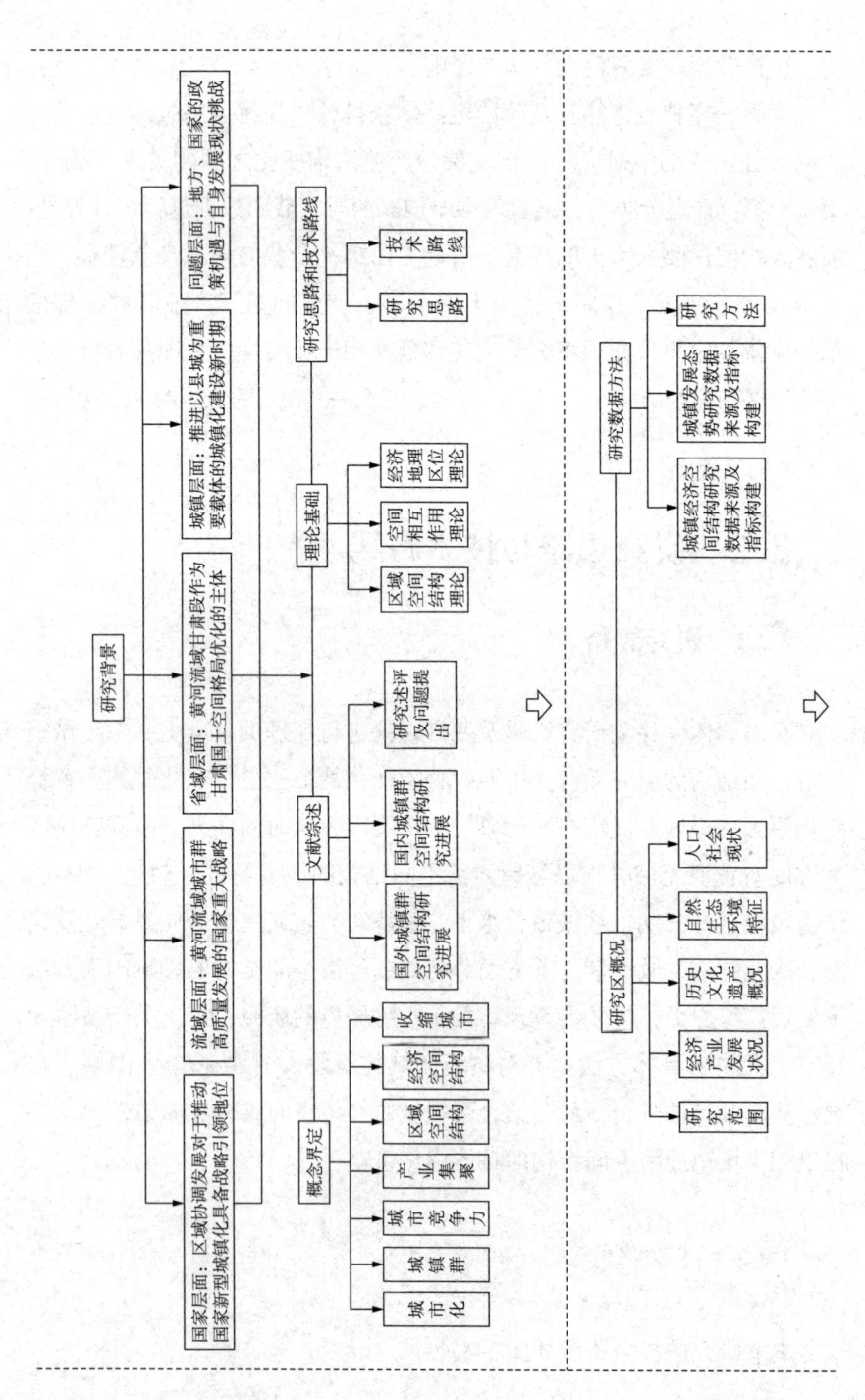

区域城镇空间协调发展研究：
以黄河流域甘肃段为例

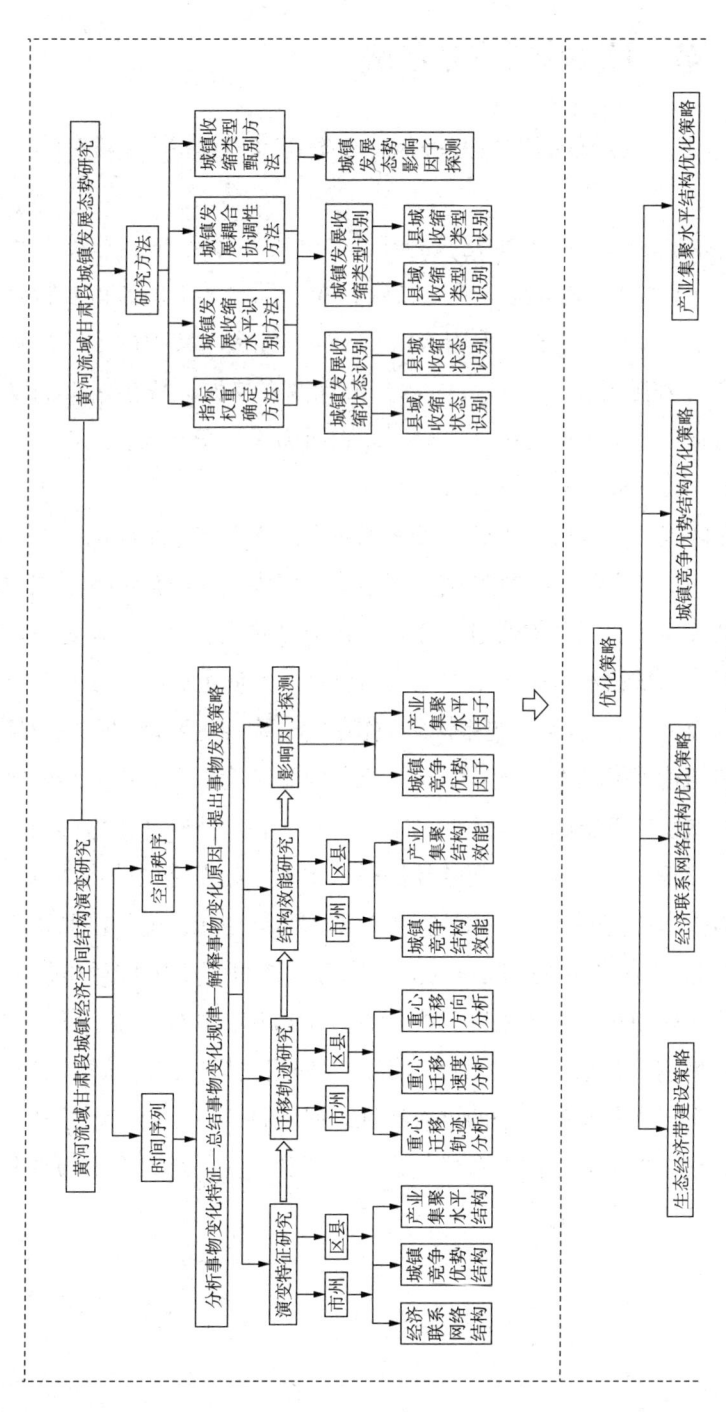

图 2-4 技术路线

2.3　研究数据与方法

2.3.1　城镇经济空间结构研究数据来源及指标构建

城镇经济空间结构研究所需基础数据主要源自2001—2021年《甘肃省统计年鉴》，矢量基础数据源自2020全国电子地图省市县行政区划道路水系shp数据，统一采用WGS_1984坐标系。其中由于兰州新区在2012年才被国务院批复设立，部分统计数据缺失，故兰州市仍以五区三县为研究对象（城关区、七里河区、西固区、安宁区、红古区、永登县、皋兰县、榆中县）。

在区域城镇发展过程中，各城镇对应的不同产业组织的区位偏好和空间组织形式影响着区域城镇空间结构，即为经济视角下的区域空间结构。城镇经济空间结构通过产业专业化与多样化、地方企业竞争、城镇经济规模、城镇经济联系等要素投射到区域空间上，即城镇经济空间结构作为经济、产业等多种因素综合作用的产物，主要体现在城镇经济联系网络结构、城镇竞争优势结构、产业集聚结构三个方面。结合既有研究，在城镇经济空间结构演变的指标选择上，经济联系网络用引力指数表征，反映区域内各城镇间的经济联系水平，是表达城镇发展过程中内生动力强弱的重要指标。此外，单个城市与其他城市的经济联系强度之和可以代表该城市在区域内的竞争优势，即可用于区域竞争优势结构分析。目前衡量产业集聚度的指标有商值指数、E-G指数、赫芬达尔指数、区域基尼指数等，考虑我国统计数据相关指标的可获取性和第一、第二、第三产业集聚水平的可对比性，研究将第一、第二、第三产业的产业集聚水平用区位商指数代替，分析各类产业的集聚水平与产业发展方向。具体如表2-1所列。

表2-1 黄河流域甘肃段城镇经济空间结构演变指标体系

空间结构演变研究视角	研究指标	指标含义
经济联系网络结构	引力指数	引力指数反映区域经济联系程度，能够基本反映城镇群的内部网络特征，发现城镇群的优势增长极
城镇竞争优势结构	竞争优势指数	用单个城市与区域其他城市引力指数之和表示
产业集聚结构	区位商指数	区位商指数反映区域某类产业的集聚程度、产业专业化水平与竞争优势

2.3.2 城镇发展态势研究数据来源及指标构建

城镇发展态势研究所需数据包括人口经济统计数据和土地利用数据两类。其中2018年和2020年人口、经济相关统计数据参考《甘肃2019年统计年鉴》《甘肃2021统计年鉴》，2018年和2020年30m分辨率土地利用数据参考中国科学院资源环境科学数据中心。其中，考虑黄河流域甘肃段乡（镇）区建设用地规模小、配套设施不足等现实问题，城镇人口主要生活在县城或市辖区的城市建成区，城镇用地集中分布在县城（城关镇）和市区的城镇建成区中，故以城镇建成区用地代表城镇人口活动的主要实体地域，可代指县城。县域包括县城，因此县域人口活动的主要实体地域包括城镇用地、农村居民点及其他建设用地，此处其他建设用地主要指厂矿、工业、采石场等用地，主要为农民工活动的实体地域。

根据已有研究，人口、经济、土地共同作用于城镇化发展且相互干预，其中"人口—经济"的作用效果用人均GDP表示；"人口—土地"的作用效果用人口密度表示；"经济—土地"的作用效果用地均GDP表示。考虑县域、县城人类活动的实体地域和主要经济产业类型均存在差异，分别构建相应的城镇发展评价指标（表2-2），其中各指标权重通过熵值法对研究区原始数据进行计算获得。

表2-2 城镇发展水平评价指标体系

评价指标	县城	县域
人口—经济	城镇常住人口的人均第二、第三产业产值	县域常住人口的人均国内生产总值
人口—土地	单位城镇建成区上的城镇人口数	单位城乡、工矿、居民地上的县域常住人口数
土地—经济	单位城镇建成区上的第二、第三产业生产总值	单位城乡、工矿、居民地上的国内生产总值

2.4 研究方法

2.4.1 文献梳理与理论分析相结合

本书的科学性把握、思路方法的提出是建立在大量书籍文献阅读和基础理论分析的基础上。其中阅读文献能够帮助掌握既有研究的不足之处和当下研究需要突破的方向，基础理论的梳理与理论间联系逻辑的推导能够为本研究形成知识集成，有助于形成整个研究的框架并提高研究的科学性。

2.4.2 定性分析与定量分析相结合

在对理论方法梳理的基础上，形成科学的研究思路和视角，接着对黄河流域甘肃段城镇经济空间结构演变特征和城镇发展态势进行定量与定性分析。其中通过引力模型、区位商指数、重心轨迹模型对区域城镇经济空间结构演变进行定量分析，通过建立城镇发展收缩水平识别方法、耦合协调性分析、城镇收缩类型判别方法对区域城镇发展态势进行识别。最后借助地理探测器对区域空间结构演变和城镇发展态势的影响因子进行定量分析、定性描述，在结合研究结果和区域自身发展特征的基础上，对区域空间结构的优化策略进行定性总结。

2.4.3 实证分析与模式归纳相结合

在对黄河流域甘肃段城镇经济空间结构演变特征分析的基础上，总结归纳空间结构的演变特征、影响因素及发展规律，以此为基础，提出黄河流域甘肃段城镇经济空间结构优化的具体策略，创造出适合经济欠发达地区城镇经济空间结构优化的新模式，以此提升本书对后续研究的可借鉴性。

第3章 城镇经济空间结构演变特征

本章首先介绍了引力指数、区位商指数两种城镇经济空间结构演变研究的方法，接着从城镇经济联系网络结构，城镇竞争优势结构，第一、第二、第三产业集聚结构三个方面对市州和区县两个尺度分别进行了演变特征的探讨，并对两个尺度的演变特征进行了对比分析，利于更加综合地把握区域城镇经济空间结构演变的具体特征。

3.1 城镇经济空间结构演变研究方法

3.1.1 引力模型

早期著名地理学家塔菲（E.F.Taaffe）认为区域间的经济联系强度同它们的人口成正比，同它们之间距离的平方成反比。后来斯图尔特（Stewart）在康维斯（P.D.Converse）的断裂点公式基础上提出了"引力模型"，经过修正，被广泛应用于城市空间联系、城市群经济结构、城市群的创新联系网络结构等领域。比如区域内单个城市对其他城市的辐射影响能力、同等级城市的协同发展水平、区域经济联系强度等都可以应用引力模型进行定量测度。计算公式如下：

$$C_{ij} = \frac{\sqrt{G_i \times P_i} \times \sqrt{G_j \times P_j}}{D_{ij}^2} \qquad (3-1)$$

$$C_l = \sum_{i=1}^{n} C_{ij} \qquad (3-2)$$

式中　　C_{ij}——两个城市之间的经济联系强度；

　　　　D_{ij}——两个城市间的距离；

　　G_i、P_i——分别指 i 城市的地区生产总值与年末常住人口数；

　　G_j、P_j——分别指 j 城市的地区生产总值与年末常住人口数；

　　　　C_l——代表城市 l 在区域内总的经济联系强度，即竞争优势指数。

3.1.2 区位商指数

区位商指数作为衡量城市产业发展的集聚程度、专业化分工指标，研究采用区位商指数测度黄河流域甘肃段城镇产业集聚水平，分析不同产业在不同研究单元的竞争力与未来发展方向。计算公式如下：

$$LA_{ij} = \frac{A_{ij}/A_j}{A_i/A} \qquad (3-3)$$

式中　A_{ij}——i 产业在 j 城市的生产总值；

　　　A_j——j 城市所有产业的生产总值；

　　　A_i——黄河流域甘肃段各研究单元 i 产业的产值总和；

　　　A——所有研究单元产业产值的总和；

　　　LA_{ij}——j 城市 i 产业的区位商（其中 $LA>0$）。

已有研究认为，当 $LA>1$ 时，表明该区域内某产业的集聚水平高，即该产业具有较高的专业化水平和竞争优势；当 $LA<1$ 时，表明在该区域内某产业相对分散，未在区域经济发展中获得优势。

为便于对城镇经济空间结构演变特征描述，首先需要对城镇经济空间结构的类型进行说明，通过类比孟祥凤《基于百度慧眼的中国收缩城市分类研究》一文中有关收缩城市格局的分类研究及本书研究结果，发现可将城镇经济空间结构归纳为倒V型、北斗七星型、核心边缘型、单中心型（单中心簇型）、穿孔型（多中心簇型）、圈饼型、全局型、局部型8种空间结构类型，相关示意图、名称、说明如表3-1所示。

表3-1　城镇经济空间结构分类及其示意图

示意图	名称	说明
∧	倒V型	指由三个城市作为顶点依次连接形成的非直线结构，用于城镇经济联系网络结构描述
⌐⌐	北斗七星型	指由七个城市作为顶点依次连接形成的类似北斗七星型结构，用于城镇经济联系网络结构描述

续表

示意图	名称	说明
◉	核心边缘型	指某经济要素在整个区域形成三层结构，最内层处于高水平、中间层处于中等水平、最外层处于低水平，用于城镇竞争优势结构及产业集聚结构描述
⊙	单中心型（单中心簇型）	指某经济要素在整个区域形成两层结构，里层处于高水平、外层处于中低水平，且里层占比，用于城镇竞争优势结构及产业集聚结构描述
⦿	穿孔型（多中心簇型）	指某经济要素在整个区域内有多处处于高水平，且每个高水平的此次区域相离，用于城镇竞争优势结构及产业集聚结构描述
○	圈饼型	指某经济要素在整个区域内形成两层结构，里层处于低水平，外层处于高水平，用于城镇竞争优势结构及产业集聚结构描述
●	全局型	指某经济要素在整个区域内形成两层结构，仅很小一区域处于低水平，大部分区域处于高水平，用于城镇竞争优势结构及产业集聚结构描述
◐	局部型	指某经济要素在整个区域内形成两层结构，部分区域处于低水平，部分区域处于高水平，二者面积差异不是特别大，用于城镇竞争优势结构及产业集聚结构描述

注 在区域中，黑色部分的城镇竞争优势或第一、第二、第三产业集聚水平高于白色部分，即可用以上结构名称及其图示表示。

3.2 区域城镇经济联系网络结构演变特征

3.2.1 市州尺度：经济联系网络水平增强，从倒V型向北斗七星型转变

借助式（3-1）测度得到区域市州尺度经济联系网络，根据计算结果定义城镇经济联系网络水平 C_{ij} 的判定规则为：当 $C_{ij}<5000$ 时，城镇经济联系水平为弱；当 $5000 \leq C_{ij} < 10000$ 时，城镇经济联系水平为较

弱；当 $10000 \leq C_{ij} < 20000$ 时，城镇经济联系水平为中等；当 $20000 \leq C_{ij} < 70000$ 时，城镇经济联系水平为较强；当 $C_{ij} \geq 70000$ 时，城镇经济联系水平为极强。

在2000年，区域整体经济联系水平极弱，仅兰州市与临夏州、白银市为中等经济联系强度，其余各市州间的经济联系均为弱联系强度，形成倒V型结构。

随着社会经济逐步发展，在2005年，区域整体经济联系增强，基本形成北斗七星型结构，兰州市与临夏州、白银市间形成较强的经济联系水平，兰州市与武威市、天水市存在较弱的经济联系水平，定西市与兰州市、天水市达到中等经济联系水平，平凉市与庆阳市、天水市也达到中等经济联系水平。

到2010年，以临夏州、兰州市、白银市、定西市、天水市、平凉市、庆阳市七市州为节点形成的北斗七星型经济联系网络结构进一步强化。定西市与兰州市、白银市的经济联系强度均进一步增强，平凉市与庆阳市上升为强经济联系水平，平庆都市圈初具雏形。

到2015年，各市州间经济联系强度明显增强，形成以兰州市、白银市为核心的经济联系网络雏形，除临夏州与甘南州为中等经济联系强度外，其余各相邻市州均达到较强、强经济联系水平。

到2020年，部分市州间的经济联系强度打破距离壁垒，也形成较强、强经济联系水平，如白银市与天水市、兰州市与武威市、平凉市、天水市等，区域各市州间的经济联系网络结构得到强化。

综合市州尺度城镇经济联系网络结构的演进过程发现，整个区域内经济联系网络逐步增强，主要经历了倒V型向北斗七星型的转变过程，最终形成了经济联系网络雏形。

3.2.2 区县尺度：经济联系网络水平增强，由单中心簇型向多中心簇型转变

借助式（3-1）测度得到区域区县尺度经济联系网络，根据计算结果定义城镇经济联系网络水平，C_{ij} 的判定规则为：当 $C_{ij}<2000$ 时，城镇经济联系水平为极弱；当 $2000 \leq C_{ij}<5000$ 时，城镇经济联系水平为弱；当 $5000 \leq C_{ij}<10000$ 时，城镇经济联系水平为较弱；当 $10000 \leq C_{ij}<20000$ 时，城镇经济联系水平为中等；当 $20000 \leq C_{ij}<100000$ 时，城镇经济联系水平为较强；当 $100000 \leq C_{ij}<200000$ 时，城镇经济联系水平为强；当 $C_{ij} \geq 200000$ 时，城镇经济联系水平为极强。

按时间序列进行比较发现。在2000年，黄河流域甘肃段各区县间基本无经济联系，仅兰州市各区县间、兰州市部分区县与其相邻市州的区县间存在经济联系，其中城关区与七里河区存在强经济联系、城关区与安宁区为较强经济联系。

到2005年，区域内各区县间经济联系依旧很弱，武威市仅古浪县与凉州区存在弱经济联系，形成以兰州市、天水市、庆阳市为单元的3个经济联系网络，其中天水市、庆阳市的内部各区县间均为弱经济联系。

到2010年，基本维持2005年的区县经济联系格局，但联系强度进一步提升，麦积区和秦州区、崆峒区和华亭市、庆城县和西峰区分别形成天水市、平凉市、庆阳市的"双星"经济联系结构。

到2015年，除甘南州外，其余各市州的多数区县间经济联系打破行政壁垒、距离壁垒，基本形成了城镇网络结构。城关区、七里河区二者间不仅表现出极强的经济联系水平，而且与整个区域内的大部分区县产生经济联系。

到2020年，区域整体经济联系网络得到强化，城关区与榆中县达到较强的经济联系强度，安宁区、城关区、七里河区三者之间两两形成极强的经济联系强度，为甘肃"强省会"战略打下基础，但甘南州的各

区县间的经济联系依旧缺失,仅合作市、临潭县与城关区存在弱经济联系。

结合区县尺度城镇经济联系网络结构的演进过程发现,整个区域内经济联系网络逐步增强,大致经历了单中心簇型向多中心簇型转变的过程。

3.3 区域城镇竞争优势结构演变特征

随着火车、飞机等交通设施及电话、互联网等通信设施的发展,城市间的密切合作和激烈竞争逐渐由城市的体量、规模转向人口、经济、技术等方面各种流量的争夺,即城市在区域内的竞争优势更多的体现在同区域其他城市的紧密联系程度,本节在对区域经济联系网络结构演变特征分析的基础上,对单个城镇与其他所有城镇的经济联系强度进行汇总,得到该城镇的经济联系总强度,即代指城镇竞争优势指数(式3-2)。

3.3.1 市州尺度:由单中心型向核心边缘型演变

借助式(3-2)测度得到区域市州尺度城镇竞争优势水平,根据计算结果,定义城镇竞争优势指数 C_l 来反映城镇竞争优势水平,规则为:当 $C_l < 20000$ 时,城镇竞争水平为极弱;当 $20000 \leqslant C_l < 50000$ 时,城镇竞争水平为弱;当 $50000 \leqslant C_l < 100000$ 时,城镇竞争水平为较弱;当 $100000 \leqslant C_l < 300000$ 时,城镇竞争水平为中等;当 $300000 \leqslant C_l < 500000$ 时,城镇竞争水平为较强;当 $500000 \leqslant C_l < 1000000$ 时,城镇竞争水平为强;当 $C_l \geqslant 1000000$ 时,城镇竞争水平为极强。

2000年区域各市州竞争力均低于中等水平,除兰州市处于较弱水平外,其它市州均处于弱、极弱水平。

到2005年,兰州市竞争力上升为中等水平,除武威市外,其他与兰州市相邻的市州竞争力处于较弱水平，天水市、平凉市、庆阳市的竞争力由极弱水平上升为弱水平。

到2010年，整个区域各市州的竞争力均得到提升，其中兰州市竞争力上升为较强水平，天水市竞争力提升明显，由弱水平上升为中等水平，武威市、甘南州在整个区域的竞争力处于弱水平，有明显被边缘化的迹象。

到2015年，兰州市竞争力上升为强水平，白银市上升为较强水平，其余市州的区域竞争力均处于中等及以下水平，证实建设"兰白都市经济圈"的决策对于推动区域经济一体化发展的合理性且取得了重要成效。

到2020年，兰州市的区域竞争力达到极强水平，白银市达到强水平，临夏州、定西市得益于与兰州市经济联系密切，竞争力上升为较强水平，整个区域仅武威市、甘南州竞争力处于中等水平以下，区域城镇竞争优势结构呈明显的"核心—边缘"结构。

综上分析可知，黄河流域甘肃段市州尺度城镇竞争优势结构经历了单中心型向核心边缘型的演变过程。

3.3.2 区县尺度：由单中心型向多中心型演变

借助式（3-2）测度得到区域区县尺度城镇竞争优势水平，根据计算结果，定义城镇竞争优势指数C_l来反映城镇竞争优势水平，规则为：当$C_l < 5000$时，城镇竞争水平为极弱；当$5000 \leq C_l < 10000$时，城镇竞争水平为弱；当$10000 \leq C_l < 50000$时，城镇竞争水平为较弱；当$50000 \leq C_l < 100000$时，城镇竞争水平为中等；当$100000 \leq C_l < 500000$时，城镇竞争水平为较强；当$500000 \leq C_l < 1000000$时，城镇竞争水平为强；当$C_l \geq 100000$时，城镇竞争水平为极强。

在2000年，城关区、七里河区的区域城镇竞争优势处于较强水平，西固区、安宁区竞争优势处于中等水平，其余区县的竞争优势均处于中等水平以下。

到2005年，区域城镇竞争优势由弱水平上升为较弱水平的区县最多，共计19个区县，西固区、安宁区的竞争力上升为较强水平，整个区域边缘地区的区县竞争力大多处于极弱水平。

到2010年，区域中部区县的竞争力提升明显，兰州市各区县的竞争力均达到中等及以上水平，城关区的极核作用突显，天水市的秦州区、麦积区虽位于区域边缘，但城镇竞争力也均达到中等水平，武威市、甘南州的区县竞争优势仍处于极弱水平。

到2015年，城关区、七里河区的城镇竞争优势均为极强水平，临洮县、秦州区、麦积区的城镇竞争优势上升为较强水平。

到2020年，区域内各区县的竞争力进一步提升，但区县间竞争力水平差异明显。城镇竞争优势呈现出"中部＞东部＞北部＞西南部"的分布格局，白银市、天水市、平凉市、庆阳市、临夏州均有较强竞争优势的区县，对于带动小区域经济发展具有引领示范作用。

综上分析可知，黄河流域甘肃段区县尺度城镇竞争优势结构经历了由单中心型结构向多中心型结构演变的过程。

3.4 区域城镇产业集聚结构演变特征

研究借助区位商指数分析区域内各城镇单元第一、第二、第三产业的集聚结构演变特征，掌握区域产业发展的专业化、规模化水平，对地方城镇结合自身产业优势，因地制宜进行产业发展大有裨益，借助式（3-3）测度得到区域第一、第二、第三产业的集聚水平，根据区位商指数对产业集聚水平的判断标准，定义当 $L<0.5$ 时，产业集聚水平分散；当 $0.5 \leqslant L<1$ 时，产业集聚水平较分散；当 $1 \leqslant L<1.5$ 时，产业集聚水平较集聚；当 $L \geqslant 1.5$ 时，产业集聚水平集聚。

3.4.1 市州尺度产业集聚结构演变特征

3.4.1.1 第一产业集聚：局部型结构—圈饼型结构演变

2000—2020年，黄河流域甘肃段各市州内第一产业发展整体分布较为集聚，且除兰州市第一产业长期处于分散状态外，其他市州第一产业由分散逐步转向集聚。在2000年，仅兰州市第一产业布局分散，白银市、天水市第一产业处于较分散状态，其余市州均为集聚、较集聚状态，表明该时期区域大多数市州仍以依靠土地资源发展农业为主。

2005年，区域第一产业集聚水平的整体结构基本没变，仅天水市第一产业集聚水平由较分散转变为较集聚，说明该时期天水市依托充足的劳动力和适宜农业生产的气候条件，开始促进农业发展。

2010年，天水市第一产业集聚水平由较集聚变为集聚，进一步证明天水市的第一产业发展有所增强。

2015年，白银市第一产业集聚水平由较分散变为较集聚，临夏州由集聚变为较集聚，这与白银市农业现代化、规模化相关，而临夏州因人口基数小且人口流失严重导致第一产业集聚水平开始下降。

2020年，白银市和天水市第一产业集聚水平均有所提升，由较集聚转变为集聚水平，这与国家政策扶持及黄河流域甘肃段自身农业发展优势密切相关。

综上所述，市州尺度第一产业集聚结构由局部型结构向圈饼型结构转变，且这种结构逐步强化。

3.4.1.2 第二产业集聚：穿孔型结构—局部型结构—穿孔型结构演变

对比2000年、2020年两个时间节点的第二产业集聚水平，仅庆阳市有明显提升，表明庆阳依托煤炭、原油等资源使石油化工产业得到迅速发展。其中在2000年，兰州市、白银市、庆阳市第二产业集聚水平处于较集中，甘南州处于分散水平，其余各市州均为较分散水平，表明该时期第二产业发达的市州仍以资源依赖性为主，而甘南等市州因自身资源匮乏导致第二产业发展动力仍显不足。

2005年，定西市第二产业集聚程度由较分散转为分散水平，甘南州由分散转为较分散。

2010年，区域第二产业集聚水平整体逐步走向集聚，其中定西市由分散变为较分散、平凉市由较分散变为较集中，说明第二产业发展势态良好，该时期逐步重视工业发展，对于区域经济发展具有明显促进作用。

2015年，甘南州第二产业集聚水平下降至分散，平凉市下降至较分散，武威市上升为较集中，该时期部分产业第二产业集聚水平下降主要受黄河流域生态保护影响，污染性工业面临关闭或被迫处于转型升级的过渡阶段。

2020年，庆阳市第二产业集聚水平为集中，竞争优势突出，兰州市、白银市第二产业为较集聚水平，表明庆阳仍以发展工业作为经济发展的主要动力，而兰州市、白银市等地的老工业基地仍有较强的发展活力。

综上分析，市州尺度第二产业集聚结构经历了"穿孔型结构—局部型结构—穿孔型结构"的演变过程。

3.4.1.3　第三产业集聚：穿孔型结构—局部型结构演变

第三产业对内外部市场具有较强的依赖性，受地方居民消费水平、市场规模等影响较大，从近20年发展来看，整体上区域第三产业集聚度有所提升，具体包括甘南州、临夏州、定西市，表明受区域内外居民消费水平提高的影响，具备自然人文景观禀赋的市州的第三产业得到了有效发展。其中在2000年，区域第三产业集聚度整体偏低，除兰州市、天水市第三产业集聚度处于较集中，其余各市州第三产业集聚度均为较分散，因为该时期兰州市、天水市的社会经济发展水平相比其他市州更强，表明第三产业发展与城市综合经济实力密切相关。

2005年，甘南州和临夏州第三产业集聚度均有所提升，上升为较集中，甘南和临夏的第三产业发展水平逐渐增强。

2010年，定西市第三产业集聚度上升为较集中，定西市服务业也得到一定发展。

2015年，天水市第三产业集聚度下降至较分散，第三产业竞争优势下降，这与该时期天水市周围市州的旅游服务业发展带来的虹吸效应有关，降低了消费人群数量。

2020年的区域第三产业集聚结构特征与2015年保持一致。

综上分析，市州尺度第三产业集聚结构经历了"穿孔型结构—局部型结构"演变过程。

3.4.2 区县尺度产业集聚结构演变特征

3.4.2.1 第一产业集聚：由集聚向分散、全局型结构向穿孔型结构演变

从区县尺度进行比较研究发现，2000—2020年，黄河流域甘肃段各区县第一产业集聚程度整体上为集聚水平，且由集聚向分散转变，区域东部部分区县变化最大，表明黄河流域甘肃段第一产业发展势头减弱，在区域东部有向附加值高的第二、第三产业转变的趋势。2000年，城关区、西固区、安宁区、七里河区、白银区、平川区第一产业集聚水平均为分散状态，庆城县、合作区、秦州区、崆峒区等区县第一产业集聚水平为较分散状态，表明经济相对发达的市辖区第一产业的发展动力均有所放缓，在整个区域的第一产业集聚发展中表现不足。

2005年，皋兰县、永靖县、华亭市、华池县、西峰区第一产业集聚水平均有所下降，其中华池县、华亭市分别下降至分散、较分散状态，这是因为部分经济发达的区县农村劳动力转移到了具有更高薪酬的岗位，导致农业发展受阻。

2010年，整体上与前一时期的集聚结构差异不大，其中环县第一产业集聚水平上升为较集中状态，庆城县下降至较分散状态，因为环县

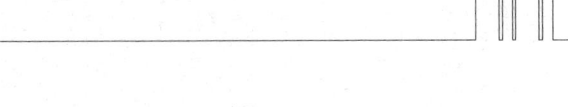

绝大部分地区为农业发展区和生态控制区,正以发展特色生态农业为经济增长路径,而庆城县发展基础良好,减轻收益较低的第一产业,发展第二、第三产业已成为经济发展主要动力。

2015年,区域北部第一产业集聚水平未发生明显变化,其中合水县、环县、合作市分别降至较集中、较分散、分散水平,崆峒区、华亭市分别上升至较集中、集中状态。

2020年,兰州市、庆阳市各区县第一产业集聚水平变化明显,皋兰县、榆中县、红古区下降至较分散、较分散、分散;华池县、合水县、西峰区分别下降至分散、较分散、分散水平。

综上分析,区县尺度第一产业集聚结构经历了"全局型结构—穿孔型结构"演变过程。

3.4.2.2 第二产业集聚:穿孔型结构,且逐步增强

20年间,区域东中部第二产业集聚水平经历了"分散—集聚—分散"3个阶段,区域西部由分散变得集聚,第二产业的竞争优势提升,区域北部、中部、东南部无明显变化。其中2000年,仅白银区、平川区、西固区、庆城县第二产业集聚水平高,区域整体上第二产业竞争优势偏弱。

2005年,部分区县第二产业集聚水平有所上升,其中永靖县、华亭市、华池县分别上升至较集中、集中、集中水平。

2010年,红古区、玛曲县第二产业集聚水平分别上升至集中、下降至较分散,天祝藏族自治县、红古区分别上升至较集中、集中水平。

2015年,凉州区、环县、合水县分别上升为较集中、集中、集中水平,榆中县、华亭市分别下降至较分散、较集中,甘南州部分区县由较分散下降至分散。

2020年,区域第二产业集聚水平整体转向集聚,其中西峰区、华亭市、崇信县、白银区、榆中县均上升为集中水平,兰州市、白银市、庆阳市部分区县第二产业集聚水平的上升表明这些区县第二产业具有一

定竞争优势，为第二产业发展的优势区、潜力区。

综上分析，区县尺度第二产业集聚结构为穿孔型结构，且该结构逐步增强。

3.4.2.3 第三产业集聚：穿孔型结构—局部型结构—穿孔型结构演变

20年间，区域第三产业集聚水平整体有所上升，但并不显著。2000年，仅城关区、合作市第三产业集聚程度处于集中水平，大部分区县第三产业集聚程度处于较分散水平。

2005年，除华亭市、崇信县、庆城县、华池县第三产业集聚水平有所下降外，其余区县第三产业集聚水平保持不变或有所上升。

2010年，第三产业集聚水平以上升为主，其中临潭县、卓尼县第三产业集聚水平由较集中上升为集中。

2015年，合作市、临潭县、卓尼县第三产业集聚水平出现反弹，由集聚水平下降为较集聚水平，其余区县则保持不变或有所上升。

2020年，受新冠疫情冲击，区域内未出现第三产业集聚水平处于集中的区县，中部和西南部较集中区县较多，表明这些区县正结合自身旅游资源优势，发展农旅、文旅产业，利于区域农业产业化。

综上分析，区县尺度第三产业集聚结构为"穿孔型结构—局部型结构—穿孔型结构"的演变过程。

3.5 "市州—区县"城镇经济空间结构演变特征对比分析

3.5.1 城镇经济联系网络结构对比分析

将市州和区县两个尺度的经济联系网络结构演变结果进行比较发

现,总体上,两个尺度的经济联系网络结构均经历了独立分散到联系紧密的演变过程,区县间经济联系网络结构的成长速度较市州更快,区域经济联系逐渐增强,城镇间网络化程度提升。但市州尺度的经济联系网络结构逐步由早期的"兰—白都市圈"走向扁平化,在空间上由一极演变为三极,形成了"兰州—白银"、天水、"平凉—庆阳"三个增长极点,连接三个极点及其与之联系紧密的市州,除武威市、甘南州外,在整个黄河流域甘肃段形成了北斗七星型发展结构,且在地理空间分布上偏向均衡。而区县尺度的经济联系存在明显的断裂现象,以"城关区—七里河区""秦州区—秦安县""崆峒区—西峰区"为核心,形成了抱团取暖的经济联系网络状态,也进一步证明区域中心城镇的辐射带动能力较为薄弱,仍需进行培育。

此外,到2020年定西市、临夏州下辖区县与兰州市市辖区经济联系较强,而两市州内部各区县经济联系强度明显不足,表明兰州市发展水平较高的区县对周围市州有一定的虹吸效应,同时临夏州、定西市自身发展动力也不足,需进一步培育两市内部的经济增长极,以便完善区域经济网络结构。

3.5.2 城镇竞争优势结构对比分析

通过对市州和区县尺度的城镇竞争优势进行对比分析发现,市州尺度各城镇单元在区域内城镇竞争优势均有所提升,而因为区县发展差异显著,导致甘南州部分发展基础较差的区县在区域内的城镇竞争优势并未提升。市州尺度城镇竞争优势结构演变为核心边缘型结构,且区域东部城镇发展明显快于北部和南部。区县尺度城镇竞争优势结构由单中心型向多中心型演变,城镇竞争优势呈现出"中部＞东部＞北部＞西南部"的分布格局。

3.5.3　城镇产业集聚结构对比分析

通过对比分析20年间的产业集聚结构演变特征发现，市州尺度整体上呈现南部和北部第一产业更为集聚、中东部第二产业更为集聚、西南部第三产业更为集聚的分布特征，其中第一产业的集聚结构无显著变化，而第二、第三产业变化较为显著。表现为第一产业发展较为集聚的地区，第二产业相对更为分散的规律性特征，这对于黄河流域甘肃段主体功能分区具有重要现实意义。在区县尺度上，区域中部和东部的第一、第二产业集聚水平变化更为显著，区域南部第三产业集聚水平的变化更为显著。

3.5.4　城镇经济空间结构演变特征综合对比分析

通过对20年间黄河流域甘肃段经济联系网络水平、城镇竞争优势指数、产业集聚水平指数的总体变化趋势及2020年对应的发展状态进行统计发现，如表3-2、表3-3所列。区域各市州城镇间的经济联系强度和城镇竞争优势均有所提升，整体上各市州第一产业与第二、第三产业的集聚状态相反，即第一产业发展表现为集聚状态的市州往往第二产业、第三产业表现为分散状态。此外，大部分市州的产业集聚状态并无变化，即市州尺度产业集聚发展结构变化较小。在第一产业集聚发展方面，白银市、天水市均有所提升，而临夏州第一产业集聚水平下降；在第二产业集聚发展方面，兰州市、白银市、庆阳市2020年状态分别为较集聚、较集聚、集聚，其中庆阳市的第二产业集聚水平有所上升；在第三产业集聚发展方面，天水市第三产业集聚发展水平有所下降，表现为较分散，而定西市、临夏州、甘南州第三产业集聚水平均有所提升，分别表现为较分散、较集聚、较集聚，这与区域东南部发展生态农旅、文旅业紧密相关。

表3-2 市州尺度城镇空间经济要素变化趋势及2020年年末发展状态统计表

研究要素	NEC	TCN	LIA1	LIA2	LIA3
兰州市	↑	↑（极强）	—（分散）	—（较集中）	—（较集中）
白银市	↑	↑（强）	↑（集中）	—（较集中）	—（较集中）
天水市	↑	↑（中等）	↑（集中）	—（较分散）	↓（较分散）
武威市	↑	↑（较弱）	—（集中）	—（较分散）	—（较分散）
平凉市	↑	↑（中等）	—（集中）	—（较分散）	—（较分散）
庆阳市	↑	↑（中等）	—（较集中）	↑（集中）	—（较分散）
定西市	↑	↑（较强）	—（集中）	—（较分散）	↑（较分散）
临夏州	↑	↑（较强）	↓（较集中）	—（较分散）	—（较集中）
甘南州	↑	↑（较弱）	—（集中）	—（分散）	—（较集中）

注 NEC指城镇经济联系强度；TCN指城镇竞争优势；LIA1指第一产业集聚水平；LIA2指第二产业集聚水平；LIA3指第三产业集聚水平，"↑"表示增强，"↓"表示减弱，"—"表示波动或未发生变化，下同。

从区县尺度来看，黄河流域甘肃段各区县间的经济联系网络强度和城镇竞争优势均有所提升，其中城关区、七里河区、安宁区城镇竞争优势达到极强水平，西固区达到强水平，14个区县达到较强水平，44个区县仍处于中等及以下水平。在第一产业集聚水平方面，36个区县处于集聚状态，8个区县处于较集聚状态，18个区县处于较分散、分散状态。此外，15个区县的第一产业集聚水平有所下降，仅4个区县有所上升，表明区域第一产业发展水平有所减弱，产业发展转向第二、第三产业。在第二产业集聚水平方面，11个区县处于集聚状态，6个区县处于较集聚状态，45个区县处于较分散、分散状态。第二产业集聚水平下降的区县共13个，上升的区县共计12个，37个区县第二产业集聚水平无太大变化。在第三产业集聚水平方面，无处于集聚状态的区县，表明区域第三产业发展薄弱，旅游资源开发利用不足。24个区县处于较集中状态，38个区县处于分散、较分散状态，第三产业集聚水平上升的区县共15个，下降的区县共计8个。

表3-3 区县尺度城镇空间经济要素变化趋势及2020年年发展状态统计表

研究要素	NEC	TCN	LIA1	LIA2	LIA3
城关区	↑	↑（极强）	—（分散）	↓（较分散）	↓（较集中）
七里河区	↑	↑（极强）	—（分散）	—（较集中）	—（较集中）
西固区	↑	↑（强）	—（分散）	—（集中）	↑（较分散）
安宁区	↑	↑（极强）	—（分散）	—（较集中）	—（较集中）
红古区	↑	↑（中等）	↓（分散）	↑（集中）	—（较分散）
永登县	↑	↑（较强）	↑（较集中）	↓（较分散）	↑（较集中）
皋兰县	↑	↑（较强）	↓（较分散）	↑（较集中）	—（较分散）
榆中县	↑	↑（较强）	↓（较分散）	↑（集中）	—（较分散）
白银区	↑	↑（较强）	—（分散）	—（集中）	—（较分散）
平川区	↑	↑（中等）	↑（较分散）	—（集中）	—（较分散）
靖远县	↑	↑（中等）	—（集中）	↓（分散）	—（较分散）
会宁县	↑	↑（中等）	—（集中）	—（分散）	—（较分散）
景泰县	↑	↑（较弱）	—（集中）	—（较分散）	—（较分散）
秦州区	↑	↑（较强）	—（较分散）	—（较集中）	—（较集中）
麦积区	↑	↑（较强）	—（较分散）	—（较集中）	—（较分散）
清水县	↑	↑（较弱）	—（集中）	↓（分散）	↑（较集中）
秦安县	↑	↑（中等）	—（集中）	—（分散）	—（较集中）
甘谷县	↑	↑（较强）	—（集中）	—（较分散）	—（较分散）
武山县	↑	↑（中等）	—（集中）	↓（分散）	—（较分散）
张家川	↑	↑（较弱）	—（集中）	↓（分散）	↑（较集中）
凉州区	↑	↑（中等）	—（集中）	—（较分散）	↓（较分散）
民勤县	↑	↑（弱）	—（集中）	—（分散）	—（较分散）
古浪县	↑	↑（较弱）	—（集中）	↓（分散）	—（较分散）

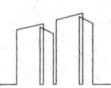

续表

研究要素	NEC	TCN	LIA1	LIA2	LIA3
天祝县	↑	↑（较弱）	↑（集中）	—（较分散）	↓（较分散）
安定区	↑	↑（较强）	↓（较集中）	—（较分散）	—（较分散）
通渭县	↑	↑（中等）	—（集中）	—（分散）	↑（较集中）
陇西县	↑	↑（中等）	↓（较集中）	—（较分散）	↑（较集中）
渭源县	↑	↑（中等）	—（集中）	—（分散）	—（较分散）
临洮县	↑	↑（中等）	—（集中）	—（较分散）	↑（较集中）
漳县	↑	↑（较弱）	—（集中）	↑（较分散）	—（较分散）
岷县	↑	↑（较弱）	—（集中）	↓（分散）	↑（较集中）
崆峒区	↑	↑（较强）	—（较分散）	—（较分散）	—（较集中）
泾川县	↑	↑（较弱）	—（集中）	—（较分散）	↑（较集中）
灵台县	↑	↑（较弱）	—（集中）	↓（分散）	—（较分散）
崇信县	↑	↑（较弱）	—（集中）	—（分散）	—（较分散）
华亭市	↑	↑（中等）	↓（较分散）	↑（集中）	—（较分散）
庄浪县	↑	↑（中等）	—（集中）	↓（分散）	—（较分散）
静宁县	↑	↑（中等）	—（集中）	↓（分散）	—（较分散）
西峰区	↑	↑（较强）	↓（分散）	↑（集中）	—（较分散）
庆城县	↑	↑（较弱）	↑（较集中）	—（集中）	↓（分散）
环县	↑	↑（较弱）	↓（较集中）	↑（集中）	—（较分散）
华池县	↑	↑（较弱）	↓（分散）	↑（集中）	↓（分散）
合水县	↑	↑（较弱）	↓（较分散）	↑（集中）	—（分散）
正宁县	↑	↑（较弱）	—（集中）	—（分散）	↑（较集中）
宁县	↑	↑（中等）	—（集中）	—（较分散）	↓（较分散）
镇原县	↑	↑（中等）	—（集中）	↑（较分散）	—（较分散）
临夏市	↑	↑（较强）	↓（分散）	—（较分散）	—（较集中）
临夏县	↑	↑（较强）	—（集中）	—（较分散）	↑（较集中）

续表

研究要素	NEC	TCN	LIA1	LIA2	LIA3
康乐县	↑	↑（中等）	—（集中）	↓（较分散）	—（较分散）
永靖县	↑	↑（较强）	—（集中）	—（较集中）	—（较分散）
广河县	↑	↑（中等）	—（集中）	—（较分散）	—（较分散）
和政县	↑	↑（中等）	↓（较集中）	↑（较分散）	↑（较集中）
东乡族县	↑	↑（较强）	—（集中）	—（较分散）	↑（较集中）
积石山县	↑	↑（中等）	↓（较集中）	↓（分散）	—（较集中）
临潭县	↑	↑（较弱）	—（集中）	—（分散）	—（较集中）
卓尼县	↑	↑（较弱）	—（集中）	—（分散）	—（较集中）
舟曲县	↑	↑（弱）	↓（较集中）	—（分散）	—（较集中）
迭部县	↑	↑（弱）	—（集中）	↑（较分散）	—（较分散）
玛曲县	↑	—（极弱）	—（集中）	—（分散）	—（较分散）
碌曲县	↑	—（极弱）	—（集中）	↓（分散）	↑（较集中）
夏河县	↑	↑（较弱）	—（集中）	—（分散）	—（较分散）
合作市	↑	↑（较弱）	↓（分散）	—（较分散）	↓（较集中）

结合上述经济联系网络结构、城镇竞争优势结构分析结果，综合对比市州和区县两个尺度的城镇经济空间结构特征，若将市州尺度城镇竞争优势达到极强水平列为重点市州，将区县尺度某一城镇与其它城镇单元经济联系强度达到"强"的城镇单元列为重点区县，重点城镇与其他城镇达到较强经济联系水平的范围列为势力范围，城镇单元间的连线即为发展廊道。则在区县尺度，城关区、秦州区、西峰区将列为重点城镇，与之经济联系强度达到较强水平及以上的周围区县，即列为其核心辐射范围。分析发现，经过近20年发展，到2020年黄河流域甘肃段在市州尺度形成了以临夏州、兰州市、白银市、定西市、天水市、平凉市、庆阳市为节点的北斗七星型发展格局。区县尺度，围绕城关区形成了网络状发展结构，秦州区形成了放射状发展廊道，西峰区形成了

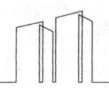

"X"型发展廊道。此外，静宁县—庄浪县、崆峒区—华亭市均达到中等经济联系水平，利于形成双星发展结构，具体如图3-1所示。

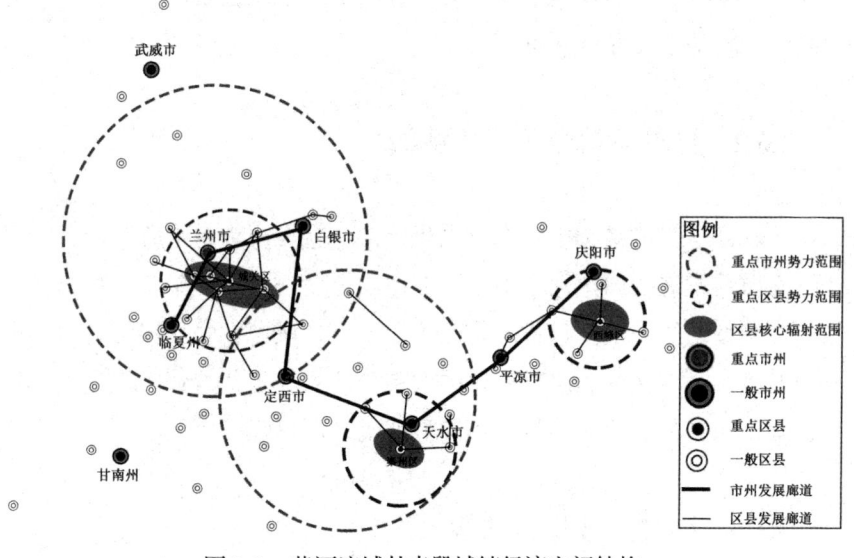

图3-1 黄河流域甘肃段城镇经济空间结构

3.6 本章小结

本章借助引力模型、区位商指数探讨了2000—2020年黄河流域甘肃段城镇经济联系网络结构、城镇竞争优势结构、区域产业集聚结构的演变过程，包括市州和区县两个尺度。具体得出3点结论。

3.6.1 区域经济联系网络结构

随着区域社会经济的发展，区域城镇间的经济联系逐渐打破距离壁垒、行政壁垒，网络化程度越来越高。在市州尺度上，区域经济联系网络结构经历了"倒V型—北斗七星型—网络雏形"的演变过程；在区县尺度上，区域各区县间的经济联系网络由无到有，经历了由单中心簇型结构向多中心簇型结构演变的过程。到2020年形成以城关区、秦安区、西峰区为核心的抱团取暖结构，但经济联系网络化程度依旧不高，甘南州的区县间基本无经济联系。

3.6.2　区域城镇竞争优势结构

区域竞争优势结构整体有所强化，但一直表现为单中心结构，区域经济高质量发展的内生动力不足。在市州尺度上经历了单中心型结构向核心边缘型结构的演变过程。在区县尺度上，城镇竞争优势结构由单中心型向多中心型演变，除甘南州的大部分区县竞争优势弱且无太大变化外，其他区县的竞争优势均在不同程度上有所增强。

3.6.3　区域产业集聚结构

区域第一产业集聚结构、第三产业集聚结构整体变化较小，第二产业集聚结构变化较大，整体上各类产业集聚水平均有不同幅度的提升。在市州尺度，白银市、天水市的第一产业集聚水平上升为集聚，临夏州的第一产业集聚水平下降；定西市、庆阳市的第二产业集聚水平有所增强，甘南州的第一产业集聚水平减弱；定西市第三产业集聚水平上升，而天水市下降。在区县尺度，兰州市、庆阳市的部分区县第一产业集聚水平有所下降，如榆中县、皋兰县、西峰区、合水县等；区域东中部的区县第二产业集聚水平经历了"分散—集中—分散"的变化过程，其中区域西部的区县第二产业集聚水平提升明显；区域中部的区县第三产业集聚水平有所提升，如安定区、通渭区；甘南州的第三产业集聚水平有所下降，如合作市、临潭县等。

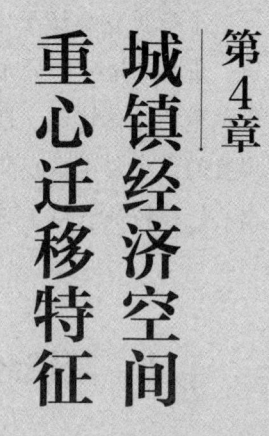

第4章 城镇经济空间重心迁移特征

本章首先介绍了空间结构演变专题图制作、重心点集演变特征分析、重心点集方向分布分析等城镇经济空间要素重心迁移分析方法。然后从重心迁移轨迹、迁移速度、迁移方向性3个方面对市州和区县两个尺度的经济要素重心前移特征进行分析。最后对市州、区县两个尺度的重心迁移特征进行了对比分析。

4.1 城镇经济空间要素重心迁移研究方法

4.1.1 经济空间要素演变专题图制作方法

基于GIS生成各个研究单元面数据的几何重心点坐标,形成研究区基本单元坐标数据库,并在此基础上依据带有属性值的重心点计算模型(式4-1),计算获得各个指标在不同年份的空间重心坐标,再利用标准差椭圆分析重心分布方向,最后将不同年份重心点按时间点连接成线,即可得到不同要素的重心迁移信息,并能够直观分析区域内各要素的空间分布特征及发展态势。

$$\bar{X} = \left(\sum_{i=1}^{i=n} z_i x_i\right) / \left(\sum_{i=1}^{i=n} z_i\right); \quad \bar{Y} = \left(\sum_{i=1}^{i=n} z_i y_i\right) / \left(\sum_{i=1}^{i=n} z_i\right) \quad (4-1)$$

式中 $\bar{X}$,$\bar{Y}$——分别为所求指标空间重心的横、纵坐标;

x_i,y_i——第 i 个城市空间"点"的横、纵坐标;

z_i——第 i 个研究单元某一指标的属性值;

n——研究所选城市空间单元的个数。

根据不同要素的重心点集计算公式特征发现,在后续的分析中,"黄河流域甘肃段"或"整个区域"的相关数据描述分析将表示区域各市州间的综合作用结果,即市州尺度,兰州市、白银市、天水市、定西市、平凉市、庆阳市、武威市、甘南州、宁夏州的相关数据描述分析将表示相应下辖的区县间的综合作用结果,即区县尺度。

4.1.2 重心点集演变特征分析方法

在空间分析研究中,点作为带有位置属性、维数为零的空间符号,点模式分析能有效反映空间的分布特征和相互关系,即包括距离、方位、轨迹、集聚、分散、随机、规则等特征指标与分布状态。重心点迁移的轨迹演变示意如图4-1所示,其中P_0、P_t、P_{t+1}分别代表某指标的几何重心、某年份的重心与随后临近年份的重心;(x_0, y_0)、(x_t, y_t)、(x_{t+1}, y_{t+1})分别代表某指标几何重心的坐标、某年份重心的坐标与临近年份的重心指标;D_m、D_j分别代表重心移动距离、偏心距离;θ代表相邻年份不同位置重心间的夹角,反映重心移动方向,如图4-1所示。

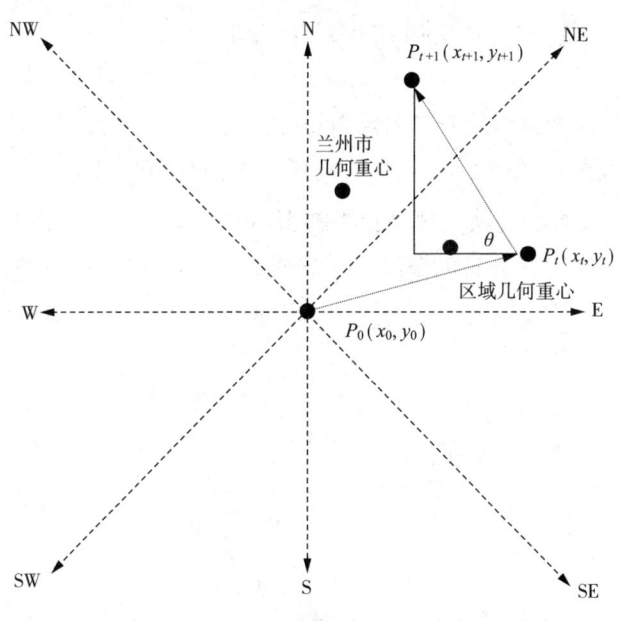

图4-1 空间某一要素重心轨迹演变示意

重心移动距离指某年份重心与随后近邻年份中心之间的直线距离D_m,主要反映空间均衡的变化幅度以及区域空间的活性,说明区域空间是否充满活力。

设第 t、$t+1$ 年份重心分别为 $P_K(x_t, y_t)$、$P_M(x_{t+1}, y_{t+1})$，t、$t+1$ 年间重心移动的空间距离为 D_m（单位：km），则相邻年份移动距离为：

$$D_m = \sqrt{(x_{t+1} - x_t)^2 + (y_{t+1} - y_t)^2} \qquad (4-2)$$

重心移动速度指相邻年份重心间移动距离与相邻时间间隔的比值，则相邻年份移动速度为：

$$v = \frac{\sqrt{(x_{t+1} - x_t)^2 + (y_{t+1} - y_t)^2}}{t_d} \qquad (4-3)$$

式中　t_d——相邻年份的时间间隔。

4.1.3　重心点集方向分布分析方法

为定量分析黄河流域甘肃段城镇经济空间各类研究要素重心点集的空间分布方向，借助标准差椭圆判断区域内各研究要素的总体发展方向，如图4-2所示。其中椭圆长半轴表示研究要素演进的主要方向；短半轴表示研究要素分布的范围，短半轴越短，研究要素的向心性越强；长短半轴的比值（扁率）越大表明演进的方向性越明显；椭圆的面积表示范围。

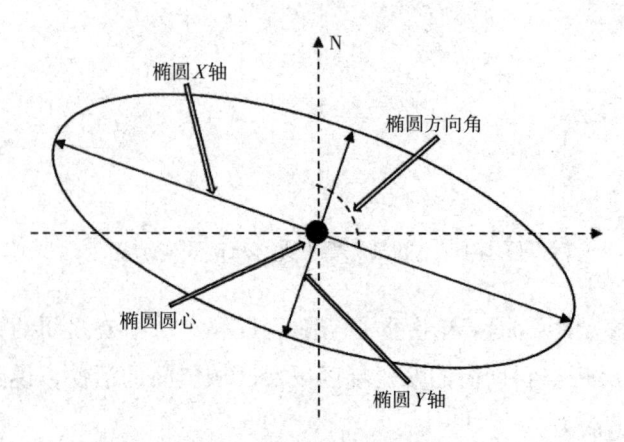

图4-2　标准差椭圆示意

通过算术平均中心计算得出椭圆的圆心坐标，其中 n 为研究时间节点选取数量，x_i 和 y_i 为研究要素在 i 时间节点的空间重心坐标，$\bar{X}$ 和 $\bar{Y}$ 为质心坐标，（$Center_x$，$Center_y$）为计算出的椭圆圆心。

$$Center_x = \sqrt{\frac{\sum_{i=1}^{n}(x_i - \bar{X})^2}{n}} \quad (4-4)$$

$$Center_y = \sqrt{\frac{\sum_{i=1}^{n}(y_i - \bar{Y})^2}{n}} \quad (4-5)$$

然后确定椭圆方向特征，以 X 轴正半轴为 0° 方向，顺时针旋转，公式如下：

$$\tan\theta = \frac{A+B}{C} \quad (4-6)$$

$$B = \sqrt{\left(\sum_{i=1}^{n}\tilde{x}_i^2 - \sum_{i=1}^{n}\tilde{y}_i^2\right)^2 + 4\left(\sum_{i=1}^{n}\tilde{x}_i\tilde{y}_i\right)^2} \quad (4-7)$$

$$C = 2\sum_{i=1}^{n}\tilde{x}_i\tilde{y}_i \quad (4-8)$$

最后确定 X 轴、Y 轴长度，公式如下：

$$X_{StdDist} = \sqrt{2}\sqrt{\frac{\sum_{i=1}^{n}(\tilde{x}_i\cos\theta - \tilde{y}_i\sin\theta)^2}{n}} \quad (4-9)$$

$$Y_{StdDist} = \sqrt{2}\sqrt{\frac{\sum_{i=1}^{n}(\tilde{x}_i\sin\theta - \tilde{y}_i\cos\theta)^2}{n}} \quad (4-10)$$

为进一步定量分析黄河流域甘肃段城镇经济空间结构的演变规律，研究借助重心轨迹模型，对 2000 年、2005 年、2010 年、2015 年、2020 年黄河流域甘肃段市州和区县两个尺度的城镇竞争优势结构、第一、第二、第三产业集聚结构进行重心迁移特征分析，包括迁移轨迹、迁移速度、迁移方向性 3 个方面，重心点集的迁移将促使经济空间结构发生重组，也能为第五章城镇经济空间结构效能研究做好铺垫。

4.2 市州尺度城镇经济空间要素重心迁移特征

4.2.1 重心迁移轨迹分析

在市州尺度上，黄河流域甘肃段各研究要素的重心迁移轨迹如图4-3所示，区域几何重心位于兰州市的东南部，各类经济空间要素的重心迁移轨迹分析如下：

城镇竞争优势的重心迁移轨迹：所有时间节点的重心点集均分布于黄河流域甘肃段城镇群体几何重心的东北侧，且向兰州市几何重心偏移，表明中心城市兰州市城镇竞争优势的提升促使整个区域的竞争优势重心向西偏移。

第一产业集聚水平的重心迁移轨迹：重心点集位于黄河流域甘肃段几何重心的南侧，表明黄河流域甘肃段第一产业主要集中在南部，且第一产业集聚重心有向北迁移的趋势，表明甘南、定西等地因人口流失、劳动力减少导致第一产业发展动力不足，使得区域北部第一产业发展优势相对有所增强。

第二产业集聚水平的重心迁移轨迹：重心点集位于区域几何重心的东部且有向东迁移的趋势，表明黄河流域甘肃段东部平凉、庆阳等市第二产业发展势头强劲。2015—2020年，第二产业集聚结构重心向东迁移尤为明显，主要因国家生态文明理念、供给侧改革的影响，促使兰州市、白银市需要去工业化，或进入工业转型过渡期，最终使得第二产业集聚水平重心受平凉、庆阳的拉力向东迁移。

第三产业集聚水平的重心迁移轨迹：重心点集位于区域几何重心以南，2000—2010年略微向西南迁移，表明区域西南部旅游业发展势头强劲，地方政府试图通过发展旅游来带动经济薄弱、生态脆弱地区的经济发展。2010—2020年向东北迁移，区域第三产业发展转向经济基础偏好的地区，以扩大内需、刺激消费带动区域经济发展。

市州尺度各研究要素重心迁移轨迹可见图4-3。

城镇竞争优势重心迁移轨迹　　　　　　第一产业集聚水平重心迁移轨迹

第二产业集聚水平重心迁移轨迹　　　　第三产业集聚水平重心迁移轨迹

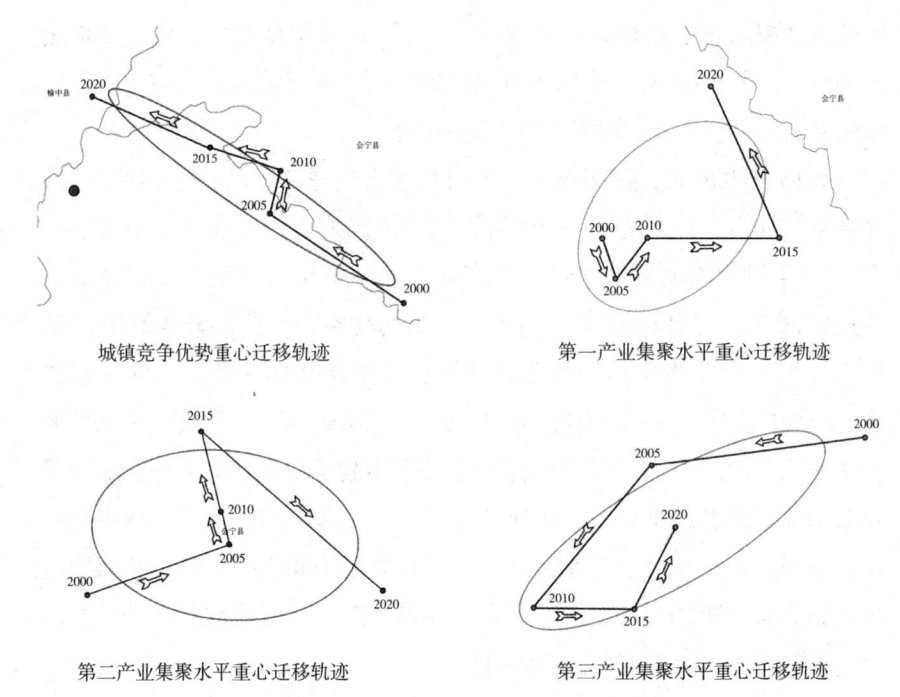

图 4-3　市州尺度各研究要素重心迁移轨迹

4.2.2　重心迁移速度分析

黄河流域甘肃段各市州经济空间要素重心迁移路程、速度如表 4-1 所示，其中 2000 年到 2005 年，城镇竞争优势的重心迁移速度最快，达到 3.95km/年，其次为第二产业集聚水平重心迁移速度，第一产业集聚水平的重心迁移速度相对较慢，为 1.12km/年，表明该阶段区域城镇竞争优势结构变化明显，而第一产业集聚发展结构较为稳定。

2005—2010 年，相比上一阶段，第二产业集聚水平的重心迁移速度明显下降，在该阶段迁移速度最低为 0.67km/年，证明区域第二产业集聚结构在该阶段正逐步稳定，各市州第二产业的发展差异逐渐走向平稳。

2010—2015 年，第一产业集聚水平重心迁移速度最快，为 3.58km/年，区域其他要素重心迁移速度差异不大，第三产业集聚水平的重心迁移速度最慢，为1.28km/年，表明该阶段区域第一产业集聚结构较前一阶段变化明显，而第三产业集聚水平结构变化较小。

2015—2020年，区域第二产业集聚水平的重心迁移速度迅速提升，达到4.74km/年，区域第二产业集聚结构再次改变，综合前几个阶段来看，20年间黄河流域甘肃段第三产业集聚结构相对稳定，其他经济要素的空间结构还处于演变进化状态，尤其是第二产业随政策影响波动较大。第三产业集聚结构的重心迁移速度相比其他两类产业的迁移速度，随时间推移正逐步降低，在2015年到2020年间迁移速度达到最低1.12km/年，表明区域第三产业集聚结构基本趋于稳定。而第一产业集聚重心的迁移速度逐步加快，在2015年到2020年间达到最大值4.48km/年，多个阶段的城镇竞争优势重心迁移速度均处于中间水平，进一步表明区域城镇竞争优势的重心受第一、第二、第三产业集聚规模程度的综合影响，是区域多种要素综合作用的结果。

表4-1 市州尺度各研究要素重心迁移速度表

（距离单位：km，速度单位：km/年）

要素	时间							
	2000—2005年		2005—2010年		2010—2015年		2015—2020年	
	距离	速度	距离	速度	距离	速度	距离	速度
城镇竞争优势重心	19.73	3.95	5.34	1.07	9.05	1.81	15.96	3.19
第一产业集聚水平重心	5.60	1.12	6.92	1.38	17.90	3.58	22.42	4.48
第二产业集聚水平重心	15.10	3.02	3.37	0.67	7.95	1.59	23.68	4.74
第三产业集聚水平重心	13.69	2.74	11.46	2.29	6.41	1.28	5.62	1.12

4.2.3 重心迁移方向性分析

利用ArcGIS对2000—2020年黄河流域甘肃段各研究要素的重心点集进行标准差椭圆分析，椭圆参数如表4-2所示。在椭圆面积上，第一产业集聚水平的面积较大，第三产业集聚水平的面积较小，分别为464.56km²、114.95km²，表明区域第一产业集聚水平的重心迁移范围最大，波动性强，发展规律难以把握，而第三产业集聚水平重心迁移范围小，其集聚重心基本稳定，其变动程度维持在相对稳定的小范围内。

通过比较椭圆短半轴（指X半轴与Y半轴中较短的轴）发现，城镇竞争优势、第三产业集聚结构的重心点集的短半轴较其他经济空间要素更小，分别为2.94、3.33，表明这两个要素具有更强的向心性，更利于形成稳定的发展方向和区域格局。而第一、第二产业集聚水平的重心点集的短半轴较大，分别为10.00、8.16，表明其20年间的重心迁移向心性较差，第一、第二产业集聚水平重心存在向其它方向移动的可能。

通过综合比较长半轴（图4-1）、偏率、方向角发现，区域城镇竞争优势的重心点集迁移方向为"东南—西北"走向，方向角分别为123.30°，即重心点集方向偏角为东偏南33.30°，偏率较高（7.19），表明区域城镇竞争优势的重心迁移方向性较强，城镇竞争优势重心保持现有走向进行迁移的可能性大，即向兰州市、白银市推移。第一、第三产业集聚水平的重心点集迁移方向分别为"西南—东北"走向、"东北—西南"走向，第一、第三产业的椭圆方向角分别为45.32°、60.28°，即方向偏角，偏率分别为1.48、3.30。第二产业集聚水平重心点集呈"西北—东南"分布，方向角为96.46°，即心点集方向偏角为东偏南6.46°，偏率为1.63，第一、第二产业重心点集偏率较小，表明第一、第二产业集聚发展的方向性并不明确，需根据各市州第一、第二产业发展现状科学进行规划引导布局。

表4-2　市州尺度各研究要素重心点集标准差椭圆参数表

椭圆参数 研究要素	椭圆面积/km²	椭圆X半轴/km	椭圆Y半轴/km	偏率	方向角/°
城镇竞争优势重心	195.15	21.13	2.94	7.19	123.30
第一产业集聚水平重心	464.56	14.79	10.00	1.48	45.32
第二产业集聚水平重心	340.44	13.28	8.16	1.63	96.46
第三产业集聚水平重心	114.95	10.98	3.33	3.30	60.28

4.3 区县尺度城镇经济空间要素重心迁移特征

为比较经济要素在各个市州内的重心迁移特征，通过对9个市州分别进行区县层面城镇经济空间要素重心轨迹分析，以便于后续进行各研究要素市州尺度与区县尺度的对比分析，并根据对比分析结果，以市州尺度的迁移方向为宏观指引，在区县尺度提出城镇竞争优势、第一、第二、第三产业集聚发展等方面的方向指引。

4.3.1 重心迁移轨迹分析

4.3.1.1 城镇竞争优势

由图4-2、图4-3可知，除临夏州、天水市外，其余各市州下辖区县的城镇竞争优势结构重心均偏离其城镇群体几何重心，表明这些市州下辖的区县间城镇竞争优势结构并不满足"中心地理论"中某一发展要素在地理空间上所表现出的均衡网络格局，即城镇竞争优势结构有待优化。此外，庆阳市下辖区县整体的城镇竞争优势结构重心偏离黄河流域甘肃段城镇群体几何重心，表明庆阳市下辖的区县经济联系网络格局受到研究区域内外因素的综合影响，如陕西、宁夏对庆阳市部分区县发展的虹吸作用。

具体来看，兰州市下辖区县的城镇竞争优势重心由安宁区转向七里河区，重心向东南方向迁移；白银市下辖区县的城镇竞争优势重心分布在靖远县，整体上受到兰州市的经济发展引力，重心向西南迁移；庆阳市下辖区县的城镇竞争优势重心位于庆城县，重心向西峰区方向迁移；天水市下辖区县的城镇竞争优势重心分布于麦积区，重心迁移的轨迹无明显规律；定西市、平凉市的重心点集整体向各自的几何中心靠近，其重心点集迁移总体上均为"东—西"向，分别位于陇西县、华亭市；武威市下辖区县的城镇竞争优势重心点集分布于古浪县，迁移轨迹无明显规律；临夏州下辖区县的城镇竞争优势重心点集整体向北迁移，仅2000年重心点集在临夏县，2005年后均位于积石山保安族东乡族撒拉族自治县；甘南州重心点集整体向西北迁移，重心位置由卓尼县迁移至临潭县，逐渐靠近甘南州的几何中心。

4.3.1.2 第一、第二、第三产业集聚水平

黄河流域甘肃段各市州下辖区县间的第一产业、第二产业、第三产业集聚重心点集迁移轨迹如图4-4~图4-6所示，结果表明，临夏州第一、第二、第三产业集聚水平的重心点集均与其城镇群体几何重心相邻，利于形成产业链条，促进产业联动发展。定西市第一、第二产业集聚水平的重心点集分布位置基本相同，第一、第二产业具有协同发展的潜力。天水市第二、第三产业集聚水平的重心点集分布位置基本相同，将利于第二、第三产业的融合发展。兰州市、平凉市、白银市的第一、第二、第三产业集聚结构重心点集偏离区域几何重心，说明三个市的各个区县不完全满足中心地理论中的理想空间结构；其余各市州第一、第二、第三产业的集聚无明显重叠性，对于推动产业联动发展具有一定的门槛，需要选取潜力区县作为产业协同集聚发展示范区，助力区域形成"1+1+1＞3"的产业发展模式。

具体分析2000—2020年各市州下辖区县的第一、第二、第三产业集聚结构重心的迁移轨迹发现，兰州市的第一、第二、第三产业集聚结构重心点集均主要分布于皋兰县，但第一产业与第二产业的重心迁移方向相反，分别向西北、东南方向演进，第三产业整体向东发展。

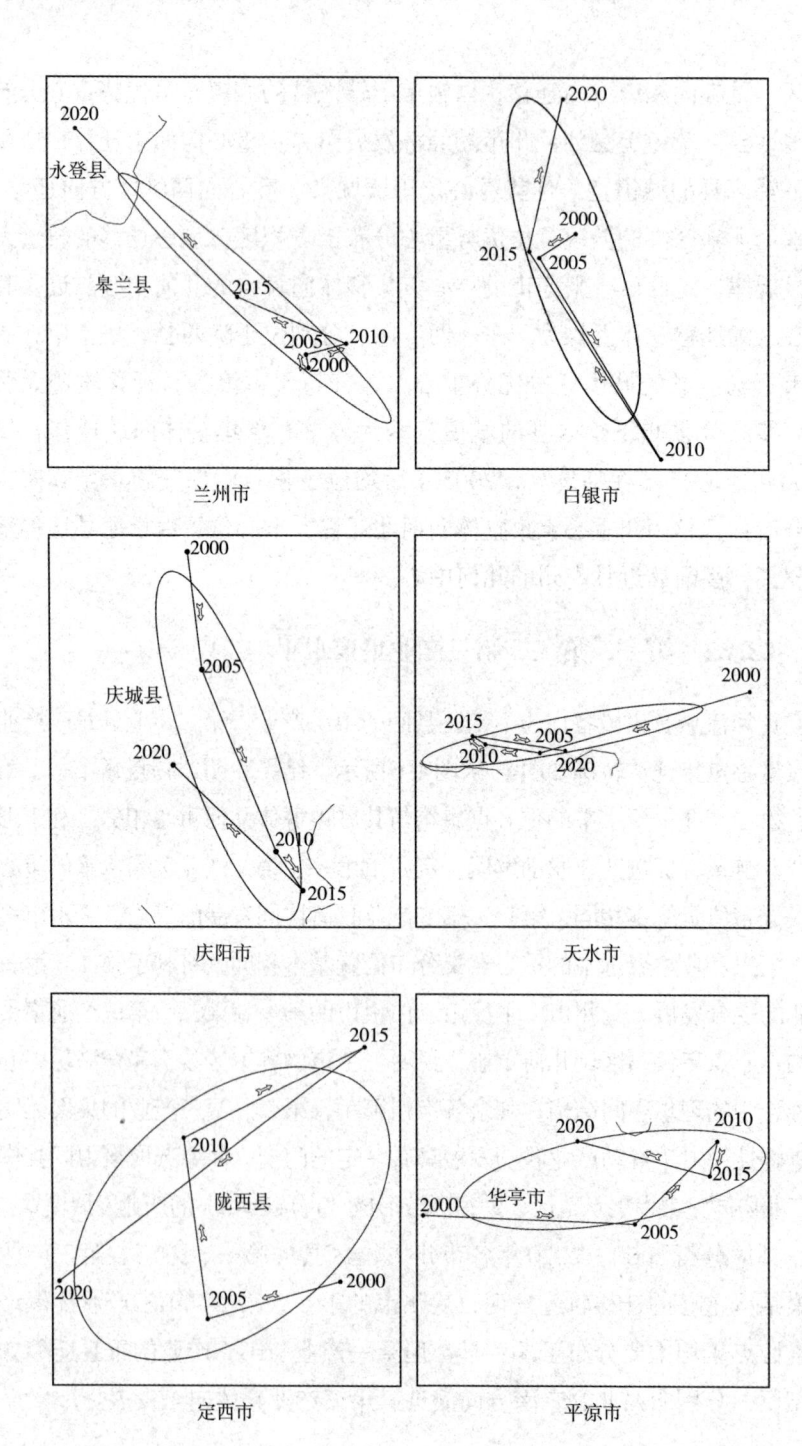

兰州市

白银市

庆阳市

天水市

定西市

平凉市

70

武威市　　　　　　　　　　临夏州

甘南州

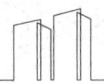

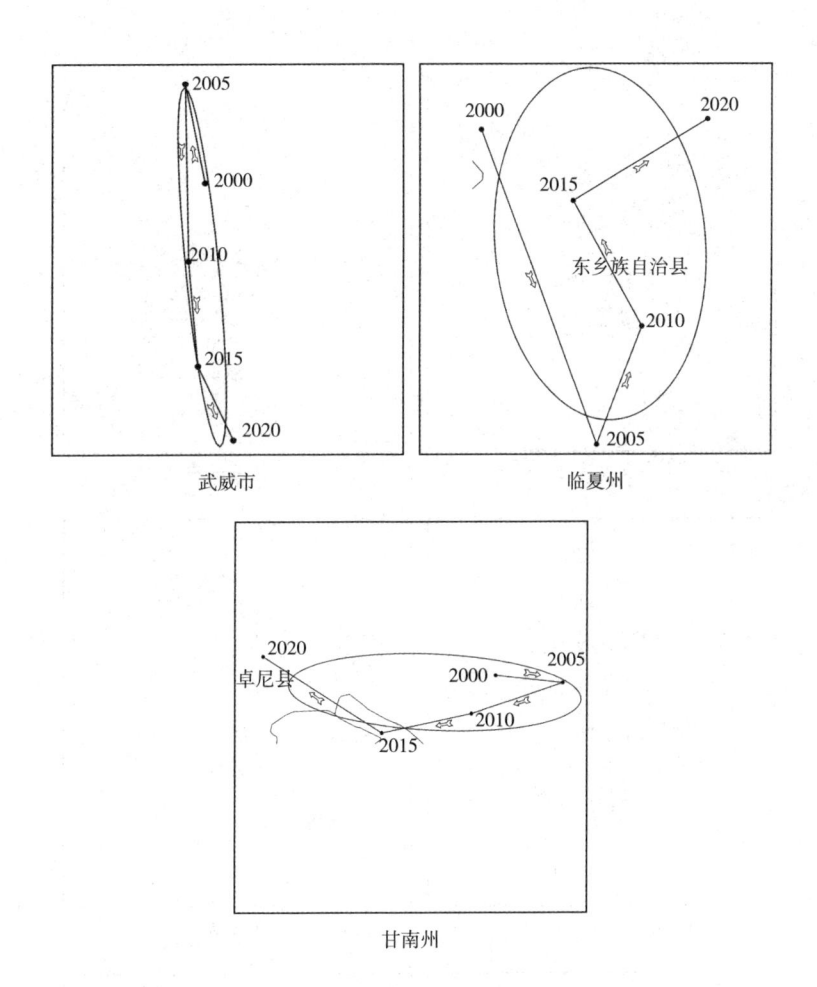

图4-4　区县尺度各市州第一产业集聚重心迁移轨迹

白银市的第一、第二、第三产业集聚结构重心点集均位于靖远县，第一、第二产业的重心点集均向北迁移，但第三产业的重心点集主要向西迁移。

庆阳市第一、第二产业集聚结构重心点集位于庆城县，第三产业重心点集先后位于合水县、庆城县，第一、第二、第三产业的重心点集分别向南、北、东南方向迁移。

天水市第一、第二、第三产业集聚结构的重心主要位于秦州区，其

兰州市　　皋兰县

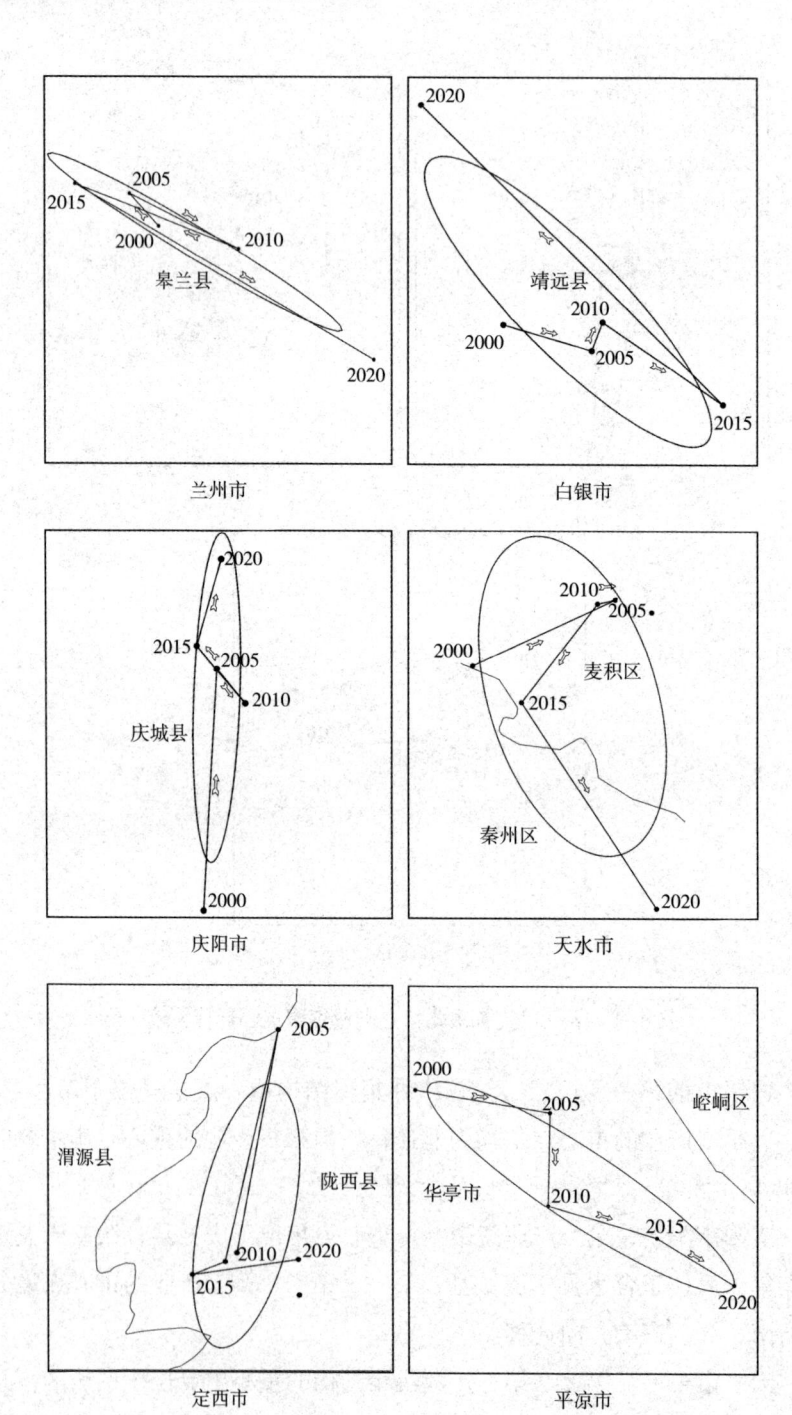

白银市　　靖远县

庆阳市　　庆城县

天水市　　麦积区　秦州区

定西市　　渭源县　陇西县

平凉市　　华亭市　崆峒区

武威市

临夏州

甘南州

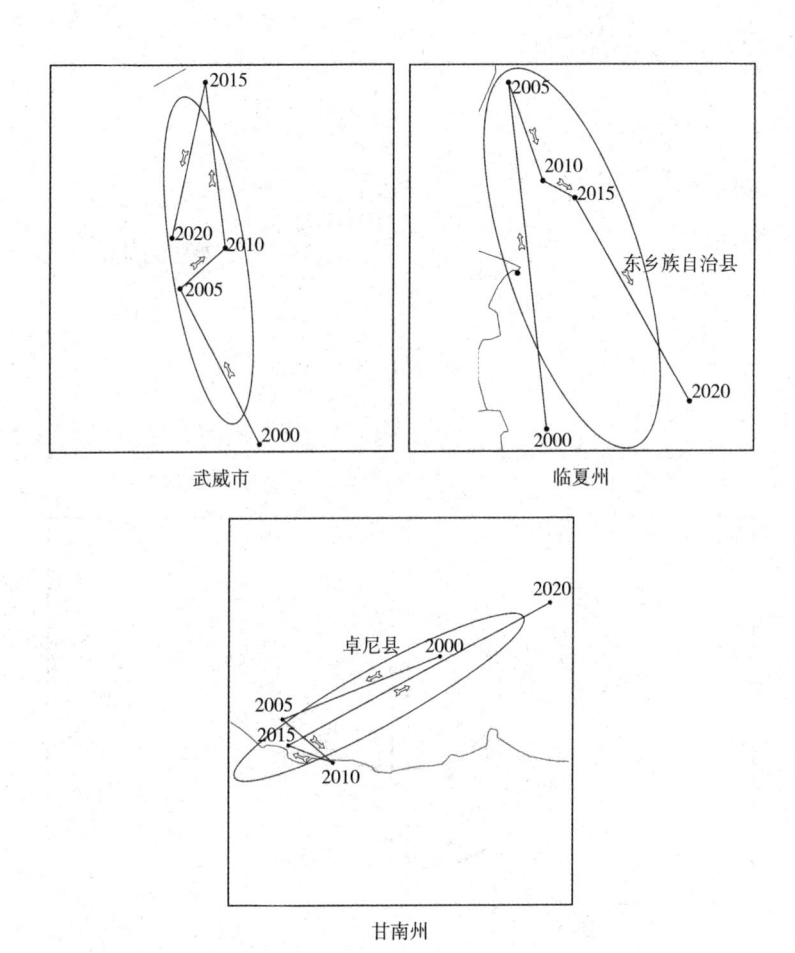

图4-5　区县尺度各市州第二产业集聚重心迁移轨迹

中第一产业、第三产业的重心点集均向西南方向迁移，第二产业的重心点集向东南迁移。

定西市第一、第二、第三产业集聚结构的重心点集均位于陇西县，第一产业的迁移轨迹方向不明显，第二产业集聚重心点集向西北迁移，第三产业重心点整体向西南方向迁移。

平凉市第一、第二、第三产业集聚结构重心点集分别位于华亭市、崆峒区，第一、第三产业的重心点迁移轨迹方向不明显，第二产业整体向东南方向迁移。

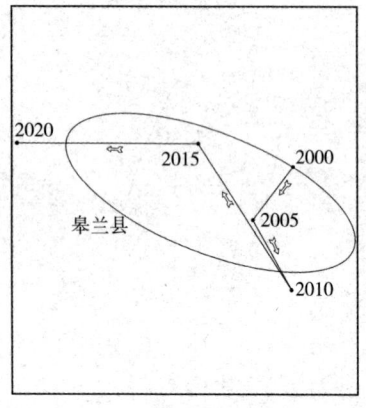

兰州市 — 皋兰县

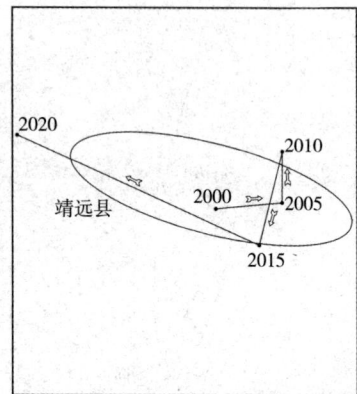

白银市 — 靖远县

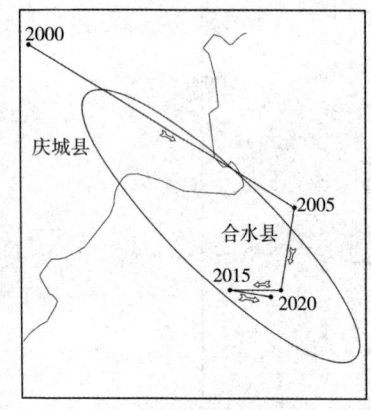

庆阳市 — 庆城县、合水县

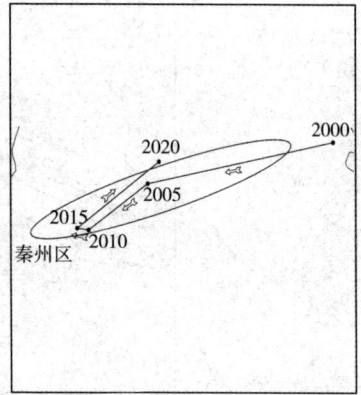

天水市 — 秦州区

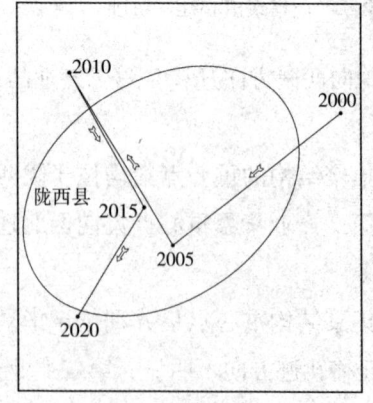

定西市 — 陇西县

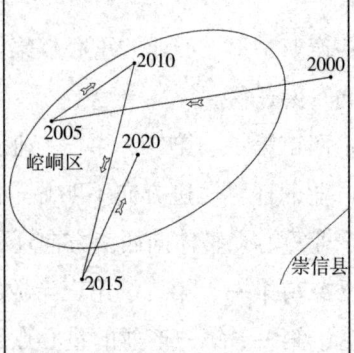

平凉市 — 崆峒区、崇信县

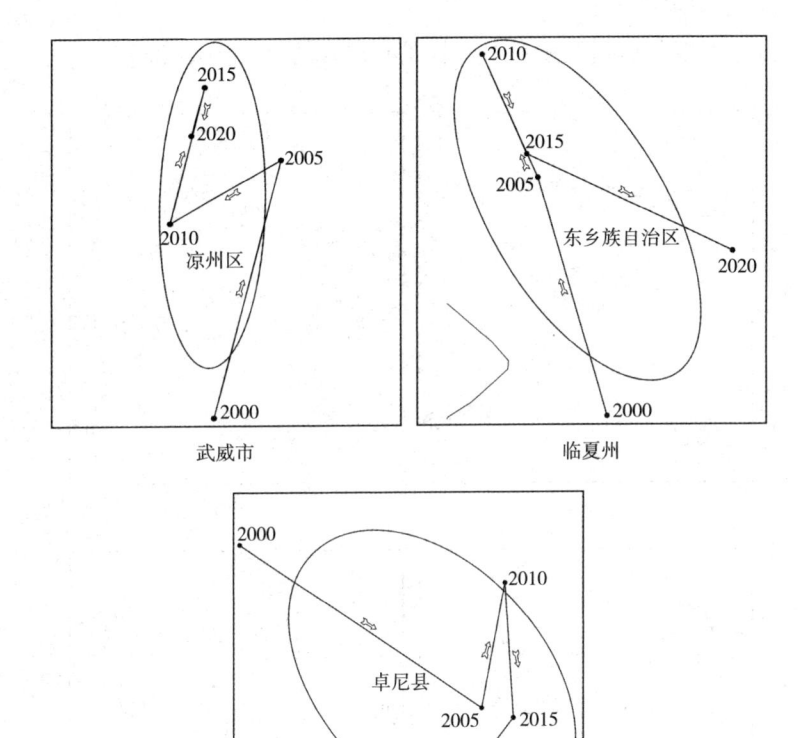

图4-6 区县尺度各市州第三产业集聚重心迁移轨迹

武威市第一、第二、第三产业集聚结构的重心点集分布于凉州区，且整体上第二、第三产业的重心整体上向北迁移，而第一产业重心点集向南迁移。

临夏州第一、第二、第三产业集聚结构的重心点集均位于东乡族自治县，20年间重心点主要自西向东或东北方向迁移。

甘南州第一、第二、第三产业集聚结构的重心点集均位于卓尼县，其中第一产业重心向西迁移，第二产业重心向东北迁移、第三产业重心向东南迁移，但整体上三类产业的集聚重心点集均在卓尼县内迁移。

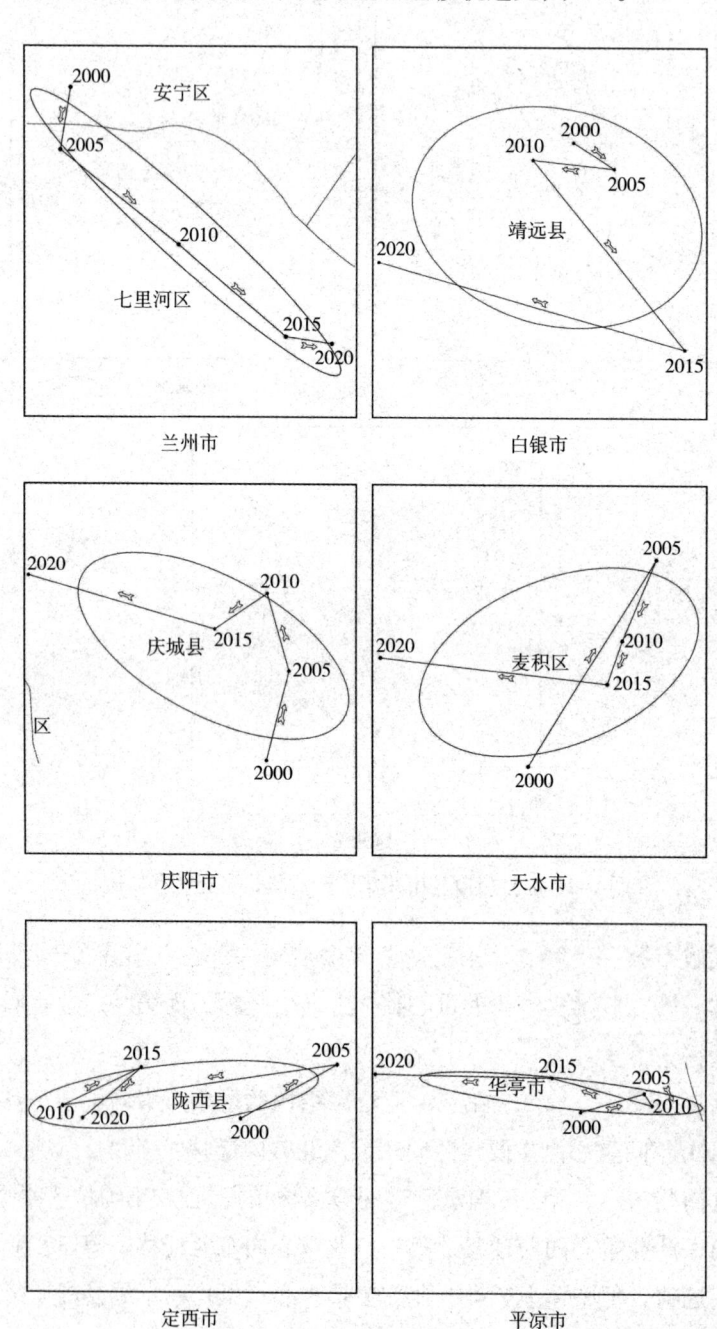

区县尺度各市州城镇竞争优势重心迁移轨迹见图4-7。

兰州市

白银市

庆阳市

天水市

定西市

平凉市

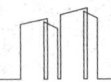

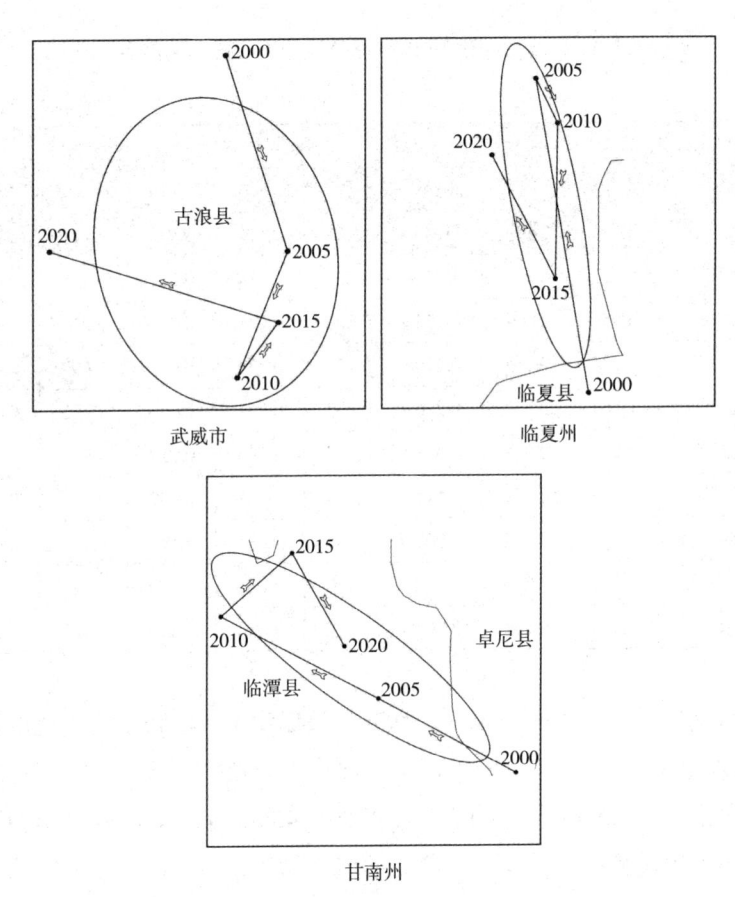

图4-7 区县尺度各市州城镇竞争优势重心迁移轨迹

4.3.2 重心迁移速度分析

4.3.2.1 城镇竞争优势

通过ArcGIS对各市州下辖区县的城镇竞争优势重心点集进行距离计算，求得迁移速度如表4-3所示。

表4-3 区县尺度各市州竞争优势重心迁移速度表

（距离单位：km，速度单位：km/年）

地区	时间							
	2000—2005年		2005—2010年		2010—2015年		2015—2020年	
	距离	速度	距离	速度	距离	速度	距离	速度
兰州市	0.627	0.125	1.521	0.304	1.410	0.282	0.475	0.095
白银市	0.454	0.091	0.772	0.154	2.271	0.454	3.019	0.604
天水市	1.774	0.355	0.639	0.128	0.334	0.067	1.697	0.339
武威市	1.163	0.233	0.766	0.153	0.382	0.076	1.293	0.259
平凉市	2.915	0.583	0.558	0.112	4.593	0.919	7.990	1.598
庆阳市	1.295	0.259	1.119	0.224	0.901	0.180	2.793	0.559
定西市	0.727	0.145	1.901	0.380	0.583	0.117	0.496	0.099
临夏州	4.190	0.838	0.652	0.130	2.046	0.409	1.840	0.368
甘南州	2.546	0.509	2.900	0.580	1.550	0.310	1.728	0.346

研究发现，2000—2005年，临夏州城镇竞争优势重心迁移速度最快（0.583km/年），兰州市、白银市、定西市城镇竞争优势重心迁移速度最慢，分别为0.125km/年、0.091km/年、0.145km/年，表明临夏州各区县的城镇竞争优势结构易发生变化，而该阶段兰州市、白银市、定西市的内部区县的城镇竞争优势结构无太大变化，基本处于相对稳定状态。

2005—2010年，甘南州的城镇竞争优势重心迁移速度（0.58km/年）最快，其余市州的城镇竞争优势重心迁移速度均相对较慢，且绝大部分市州在该阶段重心迁移速度较上一个阶段更慢，表明甘南州的城镇竞争优势结构在该阶段变化最强，而其他市州的城镇竞争优势结构变化相对较慢，且大部分市州的内部区县间城镇竞争优势结构较上一阶段都变化更慢。

2010—2015年，平凉市城镇竞争优势重心迁移速度（0.919km/年）最快，天水市、武威市的城镇竞争优势重心基本无变化，迁移速度分别为0.067km/年、0.076km/年，表明平凉市各区县间的城镇竞争优势结构阶段性变化明显，天水市、武威市各区县间的城镇竞争优势结构基本与上一阶段一致。

2015—2020年，大部分市州下辖区县间的城镇竞争优势重心迁移速度较上一阶段更快（兰州市、定西市、临夏州除外），其中平凉市城镇竞争优势重心迁移速度最快，为1.598km/年，兰州市、定西市城镇竞争优势重心迁移速度相对较慢，分别为0.095km/年、0.099km/年，表明该阶段各市州下辖区县间整体的城镇竞争优势结构变化比上一阶段更剧烈，其中平凉市在该阶段变化显著，而兰州市、定西市的城镇竞争优势结构变化较小。

4.3.2.2 第一、第二、第三产业集聚水平

各市州的第一产业、第二产业、第三产业集聚水平重心迁移速度如表4-4所示。

表4-4 区县尺度第一、第二、第三产业集聚水平的重心迁移速度表

（距离单位：km，速度单位：km/年）

地区和产业类型		时间						
		2000—2005年		2005—2010年		2010—2015年		2015—2020年	
		距离	速度	距离	速度	距离	速度	距离	速度
第一产业	兰州市	0.685	0.137	2.299	0.460	6.520	1.304	12.603	2.521
	白银市	1.141	0.228	2.685	0.537	2.809	0.562	1.776	0.355
	天水市	13.853	2.771	3.545	0.709	0.928	0.186	6.011	1.202
	武威市	5.205	1.041	9.157	1.831	5.435	1.087	4.176	0.835
	平凉市	6.277	1.255	3.353	0.671	0.986	0.197	4.023	0.805
	庆阳市	6.053	1.211	10.081	2.016	2.431	0.486	9.364	1.873
	定西市	1.618	0.324	2.011	0.402	2.343	0.469	4.427	0.885
	临夏州	5.880	1.176	2.220	0.444	2.518	0.504	2.795	0.559
	甘南州	6.789	1.358	9.591	1.918	9.128	1.826	13.782	2.756

续表

地区和产业类型		时间							
		2000—2005年		2005—2010年		2010—2015年		2015—2020年	
		距离	速度	距离	速度	距离	速度	距离	速度
第二产业	兰州市	0.691	0.138	2.062	0.412	2.989	0.598	5.754	1.151
	白银市	2.368	0.474	0.778	0.156	3.765	0.753	10.885	2.177
	天水市	4.806	0.961	0.567	0.113	3.773	0.755	7.451	1.490
	武威市	8.362	1.672	2.931	0.586	7.914	1.583	7.550	1.510
	平凉市	2.407	0.481	1.608	0.322	2.001	0.400	1.583	0.317
	庆阳市	11.512	2.302	2.145	0.429	3.616	0.723	4.309	0.862
	定西市	16.200	3.240	16.950	3.390	2.364	0.473	7.056	1.411
	临夏州	12.678	2.536	3.796	0.759	1.363	0.273	8.594	1.719
	甘南州	16.958	3.392	6.626	1.325	4.822	0.964	29.673	5.935
第三产业	兰州市	1.172	0.234	1.391	0.278	3.037	0.607	3.328	0.666
	白银市	2.094	0.419	1.518	0.304	2.880	0.576	8.241	1.648
	天水市	7.241	1.448	2.788	0.558	0.442	0.088	3.896	0.779
	武威市	9.228	1.846	4.177	0.835	4.881	0.976	1.738	0.348
	平凉市	3.380	0.676	1.193	0.239	2.574	0.515	1.588	0.318
	庆阳市	17.517	3.503	4.619	0.924	2.927	0.585	2.369	0.474
	定西市	3.885	0.777	3.579	0.716	2.730	0.546	2.276	0.455
	临夏州	3.529	0.706	1.926	0.385	1.555	0.311	3.281	0.656
	甘南州	7.148	1.430	3.080	0.616	3.263	0.653	3.691	0.738

结果表明：在2000年—2005年，兰州市第一产业集聚水平重心的迁移速度最慢（0.137km/年），甘南州第二产业集聚水平重心的迁移速度最快（3.392km/年），庆阳市第三产业集聚水平重心的迁移速度最快（3.503km/年），兰州市第一产业、第二产业、第三产业集聚水平重心迁

移速度最慢（0.137km/年、0.138km/年、0.234km/年），表明该阶段兰州市第一产业集聚结构变化不大，甘南州第二产业集聚结构变化明显，庆阳市第三产业的集聚结构变化明显，而兰州市的第一、二、三产业集聚结构基本没有变化，产业集聚分布格局最为稳定。

2005—2010年，定西市第一产业集聚水平重心迁移速度最慢（0.402km/年）、庆阳市最快（2.016km/年），定西市第二产业集聚水平重心迁移速度最快（3.39km/年）、天水市最慢（0.113km/年），第三产业集聚水平的重心迁移速度均小于1km/年，其中庆阳市迁移速度（0.924km/年）最快，表明定西市第一产业集聚水平重心变化较小，而庆阳市变化较明显，定西市第二产业的集聚水平重心变化明显，天水市变化较小，区域各市州第三产业的集聚水平重心变化均较小，庆阳市相较其他市州在该阶段第三产业集聚水平重心变化最大。

2010—2015年，甘南州第一产业集水平重心的迁移速度变化最快（1.826km/年），天水市、平凉市最慢，迁移速度分别为0.186km/年、0.197km/年，第二产业集聚水平重心的迁移速度仅武威市为1.583km/年，其余各市州重心迁移速度均小于1km/年，第三产业集聚结构重心的变化速度普遍较低，武威市最高仅为0.976km/年，表明该阶段甘南州第一产业集聚结构变化最快，天水市、平凉市变化相对较小。从整体上来看各市州第二产业、第三产业集聚结构变化均不大，其中武威市第二、第三产业集聚结构变化最快。

2015—2020年，甘南州的第一产业集聚水平重心迁移速度最快（2.756km/年），白银市迁移速度最慢（0.355km/年），甘南州的第二产业集聚水平重心迁移速度最快（5.935km/年），平凉市迁移速度最慢（0.317km/年），白银市第三产业集聚水平重心迁移速度最快（1.648km/年），其余各市州的迁移速度均较低，表明甘南州的第一产业、第二产业集聚水平重心变化最快，白银市第一产业集聚水平重心基本无变化，平凉市第二产业集聚水平重心基本没有变化，第三产业集聚结构重心的变化普遍较慢，其中白银市变化最快。通过综合计算得出第一、第二、第三产业集聚结构的重心迁移速度均值分别为1.03km/年、1.27km/年、0.75km/年，即产业集聚结构重心的迁移强度为：第二产业＞第一产业＞第三产业。

4.3.3 重心迁移方向性分析

4.3.3.1 城镇竞争优势

研究区各市州内部区县间形成的城镇竞争优势重心点集标准差椭圆分析参数如表4-5所列。

表4-5 区县尺度各市州引力指数重心点集标准差椭圆参数表

市州名	椭圆参数			偏率	方向角/°
	椭圆面积/km²	椭圆X半轴/km	椭圆Y半轴/km		
兰州市	1.85	2.1	0.28	7.50	131.69
白银市	4.39	1.39	1.00	1.39	103.68
天水市	2.06	1.09	0.60	1.82	68.79
武威市	1.79	0.64	0.88	1.38	169.44
平凉市	10.87	6.41	0.54	11.87	94.66
定西市	0.53	1.00	0.17	5.88	84.66
临夏州	3.09	0.45	2.17	4.82	169.11
甘南州	9.73	2.80	1.10	2.55	129.48

从椭圆面积来看，平凉市、甘南州的城镇竞争优势重心点集标准差椭圆面积最大，分别为$10.87km^2$、$9.73km^2$，兰州市、定西市、武威市的椭圆面积相对较小，分别为$1.85km^2$、$0.53km^2$、$1.79km^2$，表明平凉市、甘南州下辖区县间的城镇竞争优势结构波动变化的范围更大，更不可控，而兰州市、定西市、武威市的城镇竞争优势结构变化范围相对较

小，经济发展格局更加稳定。

从椭圆短半轴来看，兰州市、定西市的短半轴最短，分别为0.28km、0.17km，白银市、甘南州的短半轴较长，分别为1km、1.1km，表明兰州市、定西市的城镇竞争优势重心迁移过程具有较强的向心性，而白银市、甘南州的城镇竞争优势重心迁移过程向心性较弱，迁移方向更不明晰。

通过综合比较椭圆长半轴、方向角发现，兰州市、白银市、武威市、平凉市、庆阳市、临夏州、甘南州的城镇竞争优势重心点集均为"东北—西南"走向，偏角分别为东偏南41.69°、23.68°、79.44°、4.66°、27.02°、79.11°、39.48°，武威市、临夏州基本呈南北走向。天水市、定西市城镇竞争优势重心点集为"西南—东北"走向，偏角分别为68.79°、84.66°。

从偏率来看，平凉市的偏率最大，白银市、天水市、武威市的偏率相对较小，表明平凉市重心迁移的方向性最强，更大概率按照现有迁移方向进行城镇竞争优势重心迁移，而白银市、天水市、武威市的城镇竞争优势重心迁移方向性不强，城镇竞争优势格局容易发生改变。

4.3.3.2 第一、第二、第三产业集聚水平

各市州第一、第二、第三产业集聚水平的重心点集标准差椭圆参数如表4-6所列，从椭圆面积来看，甘南州第一、第二、第三产业集聚水平重心点集的椭圆面积均最大，分别为160.11km^2、144.02km^2、36.36km^2，第一产业集聚水平重心点集椭圆面积最小（5.12km^2）为白银市，第二产业集聚水平重心点集椭圆面积最小（2.01km^2）为兰州市，第三产业集聚水平重心点集的椭圆面积最小（5.73km^2）为平凉市，表明甘南州第一、第二、第三产业集聚重心迁移范围最大，产业集聚结构处于不稳定波动状态。在第一、第二、第三产业集聚结构的稳定性方面，定西市第一产业集聚重心迁移范围最小，兰州市第二产业集聚重心迁移范围最小，平凉市第三产业集聚重心迁移范围最小，即这些市州下

辖区县间形成的相应产业集聚结构更为稳定。

从椭圆短半轴来看，第一产业集聚水平重心的短半轴最短为白银市（0.51km），最长为甘南州（3.47km），第二产业集聚水平重心的短半轴最短为兰州市（0.23km），最长为定西市（3.07km），第三产业集聚水平重心短半轴最短为天水市（0.76km），最长为庆阳市（2.76km），表明白银市第一产业集聚重心迁移的向心性较强，而甘南州的第一产业集聚重心迁移向心性弱，兰州市第二产业集聚重心迁移具有较强的向心性，而定西市第二产业集聚重心迁移向心性较弱，天水市第三产业集聚重心迁移具有较强的向心性，庆阳市第三产业集聚重心迁移向心性相对偏弱。

从偏率来看，武威市第一产业集聚水平重心的偏率最大（11.63）、定西市和临夏州偏率最小（均为1.64），兰州市第二产业集聚水平重心的偏率最大（12.35）、天水市的偏率最小（1.93），天水市第三产业集聚水平重心的偏率最大（6.97）、定西市的偏率最小（1.42），表明武威、兰州、天水三市分别对应第一产业、第二产业、第三产业集聚水平重心的迁移具有较强的方向性，定西和临夏、天水市、定西市分别在第一产业、第二产业、第三产业集聚水平重心迁移的方向性相对较弱。

从椭圆的方向角来看，兰州市、白银市、武威市、庆阳市、临夏州、甘南州的第一产业集聚水平重心点集整体上呈"西北—东南"分布，其偏角分别为东偏南39.20°、72.08°、84.57°、70.39°、84.91°、2.64°，天水市、平凉市、定西市第一产业集聚水平重心点集整体上呈"西南—东北"分布，其偏角分别为北偏东69.54°、80.85°、81.11°、53.72°。兰州市、白银市、天水市、武威市、平凉市、临夏州第二产业集聚水平重心点集整体上呈"西北—东南"分布，其偏角分别为东偏南26.24°、34.63°、72.44°、80.68°、32.75°、71.03°，庆阳市、定西市、甘南州第二产业集聚水平重心点集整体上呈"西南—东北"分布，其偏角分别为北偏东2.09°、10.97°、61.90°。兰州市、白银市、庆阳市、临夏州、甘南州第三产业集聚水平重心点集整体上呈"西北—东南"分布，其偏角分别为东偏南20.50°、13.51°、43.18°、58.59°、46.01°，天水市、武威市、平凉市、定西市第三产业集聚水平重心点集整体上呈"西南—东北"分布，其偏角分别为北偏东73.50°、1.07°、59.52°、57.14°。

表4-6 区县尺度各市州第一、第二、第三产业区位商指数重心点集标准差椭圆参数表

地区和产业类型		椭圆参数				
		椭圆面积/km²	椭圆X半轴/km	椭圆Y半轴/km	偏率	方向角/°
第一产业	兰州市	35.68	9.91	1.15	8.62	129.20
	白银市	5.12	0.81	2.02	2.49	155.46
	天水市	27.14	9.15	0.95	9.63	80.85
	武威市	23.31	0.80	9.30	11.63	174.57
	平凉市	17.35	4.56	1.21	3.77	81.11
	庆阳市	67.59	2.29	9.41	4.11	160.39
	定西市	8.46	2.10	1.28	1.64	53.72
	临夏州	18.23	1.88	3.08	1.64	174.91
	甘南州	160.11	14.69	3.47	4.23	92.64
第二产业	兰州市	2.01	2.84	0.23	12.35	116.24
	白银市	21.31	5.05	1.34	3.77	134.63
	天水市	40.34	2.58	4.98	1.93	162.44
	武威市	45.66	1.85	7.85	4.24	170.68
	平凉市	6.31	3.19	0.63	5.06	122.75
	庆阳市	27.90	1.13	7.85	6.95	2.09
	定西市	92.40	3.07	9.59	3.12	10.97
	临夏州	56.71	2.49	7.25	2.91	161.03
	甘南州	144.02	16.45	2.79	5.90	61.90

续表

地区和产业类型		椭圆参数				
		椭圆面积/km²	椭圆X半轴/km	椭圆Y半轴/km	偏率	方向角/°
第二产业	兰州市	9.04	2.75	1.05	2.62	110.50
	白银市	19.20	4.54	1.35	3.36	103.51
	天水市	12.70	5.30	0.76	6.97	73.50
第三产业	武威市	30.08	1.69	5.68	3.36	1.07
	平凉市	5.73	1.82	1.00	1.82	59.52
	庆阳市	91.14	10.52	2.76	3.81	133.18
	定西市	16.78	2.76	1.94	1.42	57.14
	临夏州	10.87	1.27	2.73	2.15	148.59
	甘南州	36.36	2.74	4.23	1.54	136.01

4.4 "市州—区县"尺度重心迁移特征对比分析

4.4.1 重心迁移轨迹对比分析

在对重心迁移轨迹进行对比分析前，定义迁移轨迹角为@，当轨迹角一直保持90°＜@＜180°时，表明重心迁移轨迹的趋势是稳定的，城镇经济空间要素的重心有继续沿着该方向迁移的可能。当轨迹角出现一次为0°＜@＜90°，表明重心迁移发生一次回转，重心迁移轨迹是迂回的，意味着可能回到原来的重心，进而形成更加稳定的城镇经济空间结构。当轨迹角出现两次及以上为0°＜@＜90°，表明重心迁移轨迹是波动的，城镇经济空间结构的重心迁移轨迹并不稳定。其中轨迹角@可以通过图4-3~图4-6中的重心迁移路径及方向标得出，最终得到重心迁移轨迹如表4-7所示。

第4章 城镇经济空间重心迁移特征

表4-7 市州尺度与区县尺度各研究要素重心点集迁移轨迹对比表

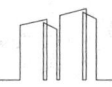

地名	要素			
	TCN	LIA1	LIA2	LIA3
黄河流域甘肃段	稳定	曲折	迂回	迂回
兰州市	稳定	迂回	曲折	迂回
白银市	曲折	迂回	迂回	曲折
庆阳市	迂回	迂回	迂回	迂回
天水市	迂回	迂回	迂回	迂回
定西市	曲折	曲折	曲折	曲折
平凉市	迂回	迂回	稳定	曲折
武威市	曲折	迂回	迂回	曲折
临夏州	曲折	迂回	迂回	迂回
甘南州	曲折	迂回	曲折	曲折

注 其中TCN指城镇竞争优势，LIA1指第一产业集聚水平，LIA2指第二产业集聚水平，LIA3指第三产业集聚水平，后同。

对比分析发现，在城镇竞争优势结构重心方面，区域整体上城镇竞争优势结构重心有继续保持当前轨迹向西北迁移的可能，兰州各区县形成的城镇竞争优势结构重心迁移轨迹也同样稳定，庆阳市、天水市、平凉市三个市下辖的区县形成的城镇竞争优势结构重心迁移轨迹是迂回的，将有助于形成更加稳定的重心，其余各市州下辖区县形成的城镇竞争优势结构重心迁移轨迹曲折，并未发现明显的轨迹迁移特征。

在第一产业集聚结构重心方面，区域各市州形成的重心迁移轨迹是曲折的，各个市州的第一产业集聚发展此起彼伏，除定西市下辖各区县所形成的第一产业集聚结构重心迁移轨迹是曲折的外，其余市州下辖各区县所形成的重心迁移轨迹都是迂回的，表明大部分市州内部都可能形成稳定的第一产业集聚结构。

在第二产业集聚结构重心方面，区域各市州形成的重心迁移轨迹是迂回的，可能将会继续回到原来的重心位置，形成更为稳定的第二产业集聚结构。平凉市的第二产业集聚结构重心迁移轨迹是稳定的，存在继续沿东南方向迁移的可能，兰州市和定西市的第二产业集聚结构重心迁移轨迹表现为曲折，表明两市下辖区县所形成的重心并不稳定，第二产业的集聚发展结构还在继续优化提升，剩下各个市州下辖区县形成的第二产业集聚结构重心迁移轨迹表现为迂回特征，有回到原有重心并强化原有重心的可能。

在第三产业集聚结构重心方面，区域各市州形成的第三产业集聚结构重心迁移轨迹表现为迂回，即有迁移回原有重心的可能，继续强化原有重心。此外兰州市、庆阳市、天水市、临夏州的第三产业集聚结构重心迁移轨迹同样表现为迂回，其余5个市州下辖各区县所形成的第三产业集聚结构重心迁移轨迹均表现为曲折。

4.4.2　重心迁移速度对比分析

城镇经济空间要素重心迁移速度可以反映城镇经济空间结构演变的强弱程度，受市州尺度和区县尺度经济体量和行政区面积的差异影响，整体上市州尺度快于区县尺度，因此不宜按照统一标准进行迁移速度快慢对比。研究对两个尺度城镇经济空间要素的重心点集迁移速度分别进行自然间断点法分3类，得出市州尺度重心迁移速度判断标准：当 $0.842 \leqslant V < 4.008$ 时，重心迁移速度定义为慢；当 $4.008 \leqslant V < 13.472$ 时，重心迁移速度定义为中等；当 $13.472 \leqslant V < 80.890$ 时，重心迁移速度定义为快。区县尺度重心迁移速度判断标准：当 $0.067 \leqslant V < 0.924$ 时，重心迁移速度定义为慢；当 $0.924 \leqslant V < 2.302$ 时，重心迁移速度定义为中等；当 $2.302 \leqslant V < 5.935$ 时，重心迁移速度定义为快。

市州尺度与区县尺度各城镇空间经济要素重心点集迁移速度对比结果如表4-8所列。

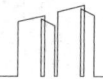

表4-8 市州尺度与区县尺度各研究要素重心点集迁移速度快慢对比表

时间/年	单元名称	TCN	LIA1	LIA2	LIA3
2000—2005	黄河流域甘肃段	慢	慢	快	慢
	兰州市	慢	慢	慢	慢
	白银市	慢	慢	慢	慢
	庆阳市	慢	快	中等	中等
	天水市	慢	中等	中等	中等
	定西市	慢	中等	慢	慢
	平凉市	慢	中等	快	快
	武威市	慢	慢	快	慢
	临夏州	慢	中等	快	慢
	甘南州	慢	中等	快	中等
2005—2010	黄河流域甘肃段	慢	慢	快	慢
	兰州市	慢	慢	慢	慢
	白银市	慢	慢	慢	慢
	庆阳市	慢	慢	慢	慢
	天水市	慢	中等	慢	慢
	定西市	慢	慢	慢	慢
	平凉市	慢	中等	慢	中等
	武威市	慢	慢	快	慢
	临夏州	慢	慢	慢	慢
	甘南州	慢	中等	中等	慢
2010—2015	黄河流域甘肃段	慢	慢	中等	慢
	兰州市	慢	中等	慢	慢
	白银市	慢	慢	慢	慢
	庆阳市	慢	慢	慢	慢

续表

时间/年	单元名称	TCN	LIA1	LIA2	LIA3
2010—2015	天水市	慢	慢	中等	中等
	定西市	慢	慢	慢	慢
	平凉市	慢	慢	慢	慢
	武威市	慢	慢	慢	慢
	临夏州	慢	慢	慢	慢
	甘南州	慢	中等	中等	慢
2015—2020	黄河流域甘肃段	慢	慢	快	慢
	兰州市	慢	快	中等	慢
	白银市	慢	慢	中等	中等
	庆阳市	慢	中等	中等	慢
	天水市	慢	慢	中等	慢
	定西市	中等	慢	慢	慢
	平凉市	慢	中等	慢	慢
	武威市	慢	慢	中等	慢
	临夏州	慢	慢	中等	慢
	甘南州	慢	快	快	慢

在2000—2005年，两个尺度的城镇竞争优势重心迁移速度均为慢；市州尺度黄河流域甘肃段第一产业集聚重心迁移速度为慢，庆阳市下辖各区县形成的第一产业集聚重心迁移速度为快，兰州市、白银市、武威市下辖各区县的第一产业集聚重心迁移速度为慢，其余5个市州下辖各区县第一产业集聚重心迁移速度为中等；市州尺度黄河流域甘肃段第二产业集聚重心迁移速度为快，兰州市、白银市、定西市第二产业集聚重心迁移速度为慢，庆阳市、天水市第二产业集聚重心迁移速度为中等，其余四个市州下辖各区县第二产业集聚重心迁移速度为快；市州尺度第

三产业集聚重心迁移速度为慢，庆阳市、天水市、甘南州下辖各区县间的重心迁移速度为中等，平凉市第三产业集聚重心迁移速度为快，其余各市州下辖各区县间的重心迁移速度为慢。

2005—2010年，市州尺度或区县尺度的大部分城镇经济空间要素的重心迁移速度都为慢，其中市州尺度的第二产业集聚重心迁移速度为快，天水市、平凉市、甘南州的第一产业集聚重心迁移速度为中等，武威市第二产业集聚重心迁移速度为快，甘南州第二产业迁移速度为中等，平凉市第三产业迁移速度为中等。

2010—2015年，该阶段的大部分城镇经济空间要素的重心迁移速度都为慢，其中兰州市、甘南州下辖各区县间第一产业集聚重心迁移速度为中等，市州尺度与天水市、甘南州下辖各区县所形成的第二产业集聚重心迁移速度也均为中等，天水市下辖各区县形成的第三产业集聚重心迁移速度为中等。

2015—2020年，市州尺度仅第二产业集聚重心的迁移速度为快，其他城镇经济空间要素的迁移速度为慢。区县尺度上，定西市城镇竞争优势重心迁移速度为中等，兰州市、甘南州第一产业集聚重心迁移速度为快，庆阳市、平凉市第一产业集聚重心迁移速度为中等，其余5个市州下辖各区县的第一产业集聚重心迁移速度为慢；大部分市州下辖各区县形成的第二产业集聚重心迁移速度为中等，仅定西市、平凉市为慢，甘南州为快；除白银市下辖各区县形成的第三产业集聚重心迁移速度为中等外，其余各市州重心迁移速度均为慢。

4.4.3 重心迁移方向对比分析

为明确市州尺度区域城镇经济空间结构对各市州下辖区县间形成的空间结构的发展引导作用。以市州为基本研究单元的重心迁移方向反映了区域整体城镇经济空间结构的演变特征，以区县为基本研究单元的重心迁移方向反映了区域各市州内部城镇经济空间结构的演变特征，研究通过"二值法"比较黄河流域甘肃段"市州—区县"两个尺度各研究要素的重心迁移方向差异性。研究要素在"市州—区县"两个尺度重心迁移方向一致记为"0"、不一致记为"1",具体如表4-9所示。

表4-9　市州尺度与区县尺度各研究要素重心点集演进方向对比表

地名	要素			
	TCN	LIA1	LIA2	LIA3
黄河流域甘肃段	东南—西北	西南—东北	西北—东南	东北—西南
兰州市	1	1	0	1
白银市	1	1	1	1
庆阳市	0	1	1	1
天水市	0	1	0	1
定西市	1	1	1	0
平凉市	0	0	0	0
武威市	1	1	1	1
临夏州	1	0	1	1
甘南州	0	1	1	1

由图4-3和表4-2的分析结果可知,区域市州尺度城镇竞争优势结构重心点集迁移方向为"东南—西北"方向,主要因为兰州市、白银市位于区域中部和北部,东部、南部的市州为寻求发展机会而与西北方向的中心城市增强经济联系,这些市州与兰州市、白银市相向发展,符合区域经济共赢发展需求。在第一产业、第二产业、第三产业集聚水平重心的迁移方向上,平凉市第一、第二、第三产业集聚水平的重心均与区域整体的演进方向一致,白银市、武威市的第一、第二、第三产业集聚水平的重心均与区域重心迁移方向相反,表明平凉市将继续沿区域产业发展方向进行发展,而白银市、武威市产业发展势头与区域产业发展整体方向相背离,存在产业发展隔阂。此外,大部分市州城镇竞争优势结

第 4 章 城镇经济空间重心迁移特征

构重心迁移方向与区域重心迁移方向一致，表明区域各市州共同推动城镇竞争优势重心向西北发展，加强与兰州市之间的经济联系。

4.5 本章小结

本章在第三章研究结果的基础上借助重心轨迹模型、标准差椭圆，对区域的城镇竞争优势结构、第一产业集聚结构、第二产业集聚结构、第三产业集聚结构分别进行重心点集迁移轨迹分析、重心点集迁移速度分析、重心点集迁移方向性分析。在市州和区县两个尺度具体得出以下3点结论。

4.5.1 城镇经济空间结构重心迁移轨迹

市州尺度城镇竞争优势结构重心迁移轨迹稳定，第一产业集聚结构重心迁移轨迹曲折，第二、第三产业集聚结构重心迁移轨迹均为迂回。区县尺度大部分市州下辖各区县间形成的城镇竞争优势结构重心迁移轨迹曲折，第一、第二产业集聚结构重心迁移轨迹主要以迂回为主，第三产业集聚结构重心迁移轨迹以曲折为主。

4.5.2 城镇经济空间结构重心迁移速度

各个时间段市州尺度城镇竞争优势结构、第一产业集聚结构、第三产业集聚结构重心点集迁移速度均为慢，第二产业集聚结构重心点集迁移速度均为中等或快，表明市州尺度第二产业集聚结构的演变最为剧烈。区县尺度城镇竞争优势结构重心点集的迁移速度整体为慢，第一、第三产业集聚结构重心点集迁移速度主要为慢与中等，第二产业集聚结构重心点集迁移速度以中和慢为主。

4.5.3　城镇经济空间结构重心迁移方向性

通过对市州和区县两个尺度城镇经济空间结构重心点集迁移方向的对比发现，两个尺度的城镇竞争优势结构重心点集迁移方向主要为"东南—西北"方向，即向兰州市、白银市方向发展。平凉市各区县形成的第一、第二、第三产业集聚发展结构与区域产业整体发展方向一致，而白银市、武威市第一、第二、第三产业集聚发展势头与区域产业发展整体方向相背离，存在产业发展隔阂。

第5章 城镇经济空间结构经济效能

本章首先从中心地理论解读、数据包络分析（DEA）方法、DEA模型投入产出变量设置、DEA模型解读说明四个方面解释了城镇经济空间结构效能测度的具体思路。然后分别从市州和区县两个尺度对城镇竞争优势结构、第一产业集聚结构、第二产业集聚结构、第三产业集聚结构的效能进行了测度，最后从城镇经济空间结构的合理性和调整经济空间结构的难易程度两个方面进行了对比分析，为黄河流域甘肃段城镇经济空间结构优化找准方向。

5.1 城镇经济空间结构效能测度思路

5.1.1 中心地理论价值解读

克里斯塔勒假设每一个点都有接受中心点的同等机会，每一个点到任一点的通达性只与距离成正比，均有一个统一的交通面，即在理想地表上建立了中心地理论。根据相关假设与中心地的特点，克里斯塔勒推导出六边形网络的聚落分布模式，整体上形成了理想状态下的城镇均衡网络分布特点。

比如第二章概念界定和理论基础中对城镇群和中心地理论的论述，若将城镇群视为解释对象，则中心地理论为城镇空间结构解释的经典模型。尽管后来相继提出了核心-边缘理论、增长极理论、点轴理论，但这些理论均是关于中心城市与其腹地关系的总结，相较中心地理论而言并不能很好的解释城镇间的空间分布关系。此外，从"结构决定功能"的角度来看，中心地理论是一种最优的城镇空间组织模式，满足中心地理论的城镇空间分布结构将能够实现系统功能的最优。因此研究拟借助中心地理论解释黄河流域甘肃段城镇经济空间结构的经济效能。

当研究区域不变时，则研究区的城镇群体的几何重心为定值。此外，以城镇竞争优势或经济规模最大的城镇作为最高等级中心地，结合前述研究分析，在黄河流域甘肃段近20年的发展中，市州尺度的中心城市为兰州市，区县尺度的中心城市为城关区、白银区、秦州区、凉州区、安定区、崆峒区、西峰区、临夏市（县级市）、合作市（县级市），城镇群体几何重心、中心城市重心为定值，以各城镇经济空间要素重心与城镇群体几何重心、中心城市重心之间的距离为自变量，以各城镇经济空间要素值为因变量，最终建立起中心地理论与现实城镇群体的联系，并展开基于几何中心和中心城市的城镇经济空间结构中心性探讨，理论与现实可能存在的差异如图5-1所示。

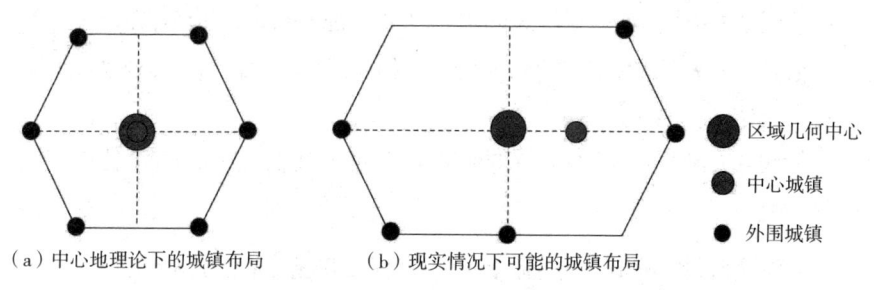

（a）中心地理论下的城镇布局　　（b）现实情况下可能的城镇布局

● 区域几何中心
● 中心城镇
● 外围城镇

图5-1　理想状态与现实状态城镇布局对比示意图

5.1.2　数据包络分析（DEA）

数据包络分析（DEA）是美国著名运筹学家A.Charnes等人基于投入产出数据，以相对效率概念为基础发展起来的一种效率评价方法，其本质是判断目标任务相同、环境特征相同、投入产出指标类型一致的系列决策单元（DMU）的最优性，即DEA与分析多目标规划问题的帕累托有效解是等价的。该方法广泛应用于相对有效性评价，规模收益分析、最小成本问题、最大收益问题等方面的分析，其同样适用于城镇经济空间结构对应的经济要素效能分析，可结合中心地理论及DEA方法对城镇经济空间结构的合理性和优化措施展开分析，将在本章对黄河流域甘肃段经济空间结构的决策单元、投入指标、产出指标做具体分析。此外考虑本研究是对区域城镇空间结构的合理性及其经济规模效益展开探讨，因此此处仅对DEA方法中的BCC模型作具体说明，方法构建如下：

假定有n个DMU单元，决策单元DMU$_j$=($j=1,2,\cdots,n$)有m个投入要素x_{ij}($i=1,2,\cdots,m$)，s个产出要素y_{rj}($r=1,2,\cdots,s$)。

定义$T=\{(x,y)|$产出y可由投入x生产出来$\}$为生产可能集，则生产可能集需要满足以下4种假设：

假设1（凸性）：对$(x,y) \in T, (x',y') \in T$，和$\mu \in [0,1]$，有$\mu(x,y)+(1-\mu)(x',y') \in T$。

假设2（雉性）：如果$(x,y) \in T$，$k \geq 0$，那么$k(x,y)=(kx,ky) \in T$。

假设3（无效性）：定义$(x,y) \in T$，如果$x' \geq x$，那么$(x',y) \in T$；如果$y' \leq y$，那么$(x,y') \in T$。

假设4（最小性）：生产可能集T是满足上述假设1~假设3的所有集合的交集。

在满足假设1~假设4的基础上，结合已有的观察值$(x_j, y_j)(j=1,2,\cdots,n)$，可得：

$$T=\left\{(x,y) \mid k\sum_{j=1}^{n}\mu_j y_j \leq x, k\sum_{j=1}^{n}\mu_j y_j \geq y, \mu_j \geq 0, \sum_{j=1}^{n}\mu_j=1, k>0\right\} \quad (5-1)$$

若令$k\mu_j = \lambda_j, j=1,2,\cdots,n$，则式（5-1）可改写为：

$$T=\left\{(x,y) \mid \sum_{j=1}^{n}\lambda_j x_j \leq x, \sum_{j=1}^{n}\lambda_j y_j \geq y, \lambda_j \geq 0\right\} \quad (5-2)$$

若把假设2去掉同时加上$\sum_{j=1}^{n}\lambda_j=1$约束，则式（5-2）变为：

$$T=\left\{(x,y) \mid \sum_{j=1}^{n}\lambda_j x_j \leq x, \sum_{j=1}^{n}\lambda_j y_j \geq y, \lambda_j \geq 0, \sum_{j=1}^{n}\lambda_j=1\right\} \quad (5-3)$$

Banker基于生产可能集规模收益可变假设，扩展了Charnes等的结论，提出了BCC-DEA模型。BCC-DEA模型分为基于投入和基于产出的模型。基于投入的BCC-DEA模型为例（带非阿基米德无穷小变量ε）的包络模型为：

$$\text{Min}\theta = \theta_0 - \varepsilon\left(\sum_{r=1}^{s} s_r^+ + \sum_{i=1}^{m} s_i^-\right),$$

$$\text{s.t.}\begin{cases}\sum_{j=1}^{n}\lambda_j x_{ij} + s_i^- = \theta_0 x_{i0}, \sum_{j=1}^{n}\lambda_j y_{rj} - s_r^+ = y_{r0}\\ \sum_{j=1}^{n}\lambda_j = 1, \lambda_j, s_i^-, s_r^+ \geq 0 \\ i = 1, 2, \cdots, m, r = 1, 2, \cdots, s, j = 1, 2, \cdots, n\end{cases} \quad (5-4)$$

式中 "s.t." ——数学线性规划中的"约束于"符号，即 subject to，指满足上述条件。

5.1.3 DEA模型投入产出变量设置

结合上述数据包络分析（DEA）方法原理作出了详细描述，此处借助中心地理论的解读和DEA原理对相关投入产出对象作具体介绍。具体的投入产出数据详见附表1、附表2。

决策单元DMU：按2000年、2005年、2010年、2015年、2020年5个时间节点划分不同的决策单元。

投入变量1：城镇竞争优势重心、第一、第二、第三产业集聚重心到中心城市几何重心的距离；

投入变量2：城镇竞争优势重心、第一、第二、第三产业集聚重心到区域城镇群体重心的距离。

产出变量1：市州尺度和区县尺度的城镇竞争优势指数；

产出变量2：市州尺度和区县尺度的第一产业区位商指数；

产出变量3：市州尺度和区县尺度的第二产业区位商指数；

产出变量4：市州尺度和区县尺度的第三产业区位商指数。

5.1.4 DEA模型分析结果解读说明

在进行城镇经济空间结构的效能分析时，需清楚此处的空间结构经济效能指的是分析结果中的综合效益，综合效益指数越高表明城镇经济空间结构越趋于相对最优；城镇经济空间结构合理与否则对应分析结果中的规模报酬分析，若规模报酬类型固定，则表明城镇经济空间结构合理，反之，城镇经济空间结构则有待优化。即综合效益指数与规模报酬分析均是反应城镇经济空间合理性的指标；城镇经济空间结构的优化方向与松弛变量S（投入冗余分析）相关联，即城镇经济空间要素重心与区域城镇群体几何重心、中心城市几何重心距离的增减调整。参照专业统计服务的科学平台SPSSPRO中关于数据包络分析结果的说明，对综合效益分析、规模报酬分析、投入冗余分析作如下解释。

综合效益分析方面：综合效益反映了未达到最优规模的决策单元相对于达到最优规模的决策单元而言所表现出的产出效率，即一般决策单元的生产效率，是对决策单元在资源配置、使用等方面能力的综合评价。定义综合效益指数（Overall Efficiency，OE），若决策单元的OE指数为1，代表投入与产出结构合理；若OE指数大于1，代表投入与产出结构处于超级效率模式；若OE指数小于1，代表投入与产出结构不合理，可能存在投入过多或产出不足等问题。为便于后续比较分析，研究将综合效益分为强、较强、中等、较弱、弱5个等级，分别对应OE指数范围[0,0.2)、[0.2,0.4)、[0.4,0.6)、[0.6,0.8)、(0.8,1]。

规模报酬分析方面：由规模经济、规模不经济可知生产规模与规模报酬关系密切。定义规模报酬系数（Scale Efficiency，SE），当生产规模小时，SE小于1，称为规模报酬递增，表明城镇经济空间结构仍有一定的优化提升空间。当生产规模合理时，SE为1，称为规模报酬固定，表明城镇经济空间结构合理。当生产规模偏大时，SE大于1，称为规模报酬递减，表明已经不适合通过调整城镇经济空间要素重心与区域城镇群体几何重心（或核心城市重心）的距离实现城镇经济空间要素的继续增长。

投入冗余分析方面：与综合效益指数紧密联系的指标为松弛变量S，松弛变量$S-$指为达到目标效率可以减少的投入量，即城镇经济空间

第5章 城镇经济空间结构经济效能

要素重心与中心城市重心或区域几何重心间可以减少的距离；松弛变量$S+$指为达到目标效率可以增加的产出量，即城镇经济空间要素还可以增加的量。通过松弛变量$S-$的值即可知道如何通过调整重心点间的距离实现城镇经济空间结构的优化。

在对中心地理论与数据包络分析（DEA）方法进行了详细解读的基础上，结合第三章和第四章的过程坐标数据和各经济空间要素指标数据，通过计算重心坐标间的欧式距离对市州和区县两个尺度城镇竞争优势结构、第一、第二、第三产业集聚结构的结构效能进行测度，分析经济空间结构的演进是否达到相对最优或持续向相对最优演进，对于把握经济空间结构的优化空间和路径具有重要意义。

5.2 市州尺度城镇经济空间结构效能分析

5.2.1 城镇竞争优势结构效能分析

5.2.1.1 城镇竞争优势结构合理性判读

在市州尺度城镇竞争优势结构效能分析结果如表5-1所示，从综合效益指数来看，城镇竞争优势结构的综合效益经历了"弱—较弱—中等—强"四个阶段，区域经济发展城镇竞争优势结构的合理性逐渐增强，且在2020年达到相对最优的城镇竞争优势结构，即相对2020年而言，其他时间节点均有必要通过空间结构优化以实现城镇竞争优势的提升。此外在其他时间节点若要达到城镇竞争优势结构效能最优，则需要减少相应时间节点城镇竞争优势结构重心与区域城镇群体几何重心的距离。从规模报酬类型来看，2000—2020年规模报酬系数逐渐增加，表明增加重心点间的距离，将更利于城镇竞争优势的提升。2020年规模报酬类型为固定，表明该时间节点的城镇竞争优势结构对城镇竞争优势指数而言合理。

表5-1 市州尺度城镇竞争优势结构DEA分析结果表

城镇经济发展要素	决策单元/年	OE	类型	松弛变量S-
TCN	2000	0.043	递增	1133.705
	2005	0.116	递增	1173.209
	2010	0.269	递增	3073.206
	2015	0.564	递增	2499.987
	2020	1	固定	0

5.2.1.2 城镇竞争优势结构调整路径分析

从松弛变量$S-$值来看，2010年的城镇竞争优势重心与区域城镇群体几何重心间调整的距离最大，达到3073.206m，即最难实现竞争优势结构优化。

5.2.2 第一产业集聚结构效能分析

5.2.2.1 第一产业集聚结构合理性判读

在市州尺度的第一产业集聚结构效能分析结果如表5-2所示，从综合效益指数来看，各个时间节点均为高效益，且2000年和2020年综合效益值为1，表明2000年、2020年均达到相对合理的空间结构，无需通过调整重心点间的距离，已经成为第一产业集聚发展的相对最优结构。从规模报酬类型来看，2005年、2010年、2015年规模报酬类型为递增，报酬系数均为0.9以上，表明基本达到相对最优结构，但第一产业集聚结构仍有优化提升空间。

表5-2 市州尺度城镇第一产业集聚结构DEA分析结果表

城镇经济发展要素	决策单元/年	OE	类型	松弛变量S-
LIA1	2000	1.000	固定	0

续表

城镇经济发展要素	决策单元/年	OE	类型	松弛变量S-
LIA1	2005	0.943	递增	4227.451
	2010	0.908	递增	1695.367
	2015	0.822	递增	9058.888
	2020	1.000	固定	0

5.2.2.2 第一产业集聚结构调整路径分析

从松弛变量 $S-$ 值来看，2015年，若需调整至最优的第一产业集聚结构，则要减少重心点集间的距离9058.888m，表明虽然综合效益值较高，但难以再进行结构调整。2010年区域第一产业集聚结构的调整相对将更为容易，调整重心点间距离最小，为1695.367m。

5.2.3 第二产业集聚结构效能分析

5.2.3.1 第二产业集聚结构合理性判读

在市州尺度的第二产业集聚结构效能分析结果如表5-3所示，从综合效益指数来看，各个时间节点均达到强效益，其中在2000年、2015年综合效益值为1，两个时间点第二产业集聚结构相对更为合理，在促进第二产业集聚发展方面相对最优。从规模报酬类型来看，2005年、2010年、2020年均为规模报酬递增，第二产业集聚结构仍有一定的优化提升空间，促进第二产业集聚发展。

表5-3 市州尺度城镇第二产业集聚结构DEA分析结果表

城镇经济发展要素	决策单元/年	OE	类型	松弛变量S-
LIA2	2000	1	固定	0
	2005	0.954	递增	400.072

续表

城镇经济发展要素	决策单元/年	OE	类型	松弛变量S-
LIA2	2010	0.971	递增	105.257
	2015	1	固定	0
	2020	0.857	递增	8153.781

5.2.3.2 第二产业集聚结构调整路径分析

从松弛变量$S-$值来看，2020年调整为相对最优的第二产业集聚结构最为困难，需要调整第二产业集聚重心与区域城镇群体的几何重心距离最大，为8153.781m，2010年相对更为容易实现相对最优的空间结构，仅需调整重心点间距离105.257m。

5.2.4 第三产业集聚结构效能分析

5.2.4.1 第三产业集聚结构合理性判读

在市州尺度第三产业集聚结构效能分析结果如表5-4所示，从综合效益指数来看，各个时间节点均达到强效益，其中2005年、2010年达到第三产业集聚结构效能相对最优，相对其他时间节点更利于第三产业的集聚发展。从规模报酬类型来看，2020年出现了规模报酬递减的类型，即调整第三产业集聚结构重心与区域城镇群体几何重心点间距离已经不利于第三产业集聚发展。

表5-4 市州尺度城镇第三产业集聚结构DEA分析结果表

城镇经济发展要素	决策单元/年	OE	类型	松弛变量S-
LIA3	2000	0.889	递增	0
	2005	1	固定	0
	2010	1	固定	0
	2015	0.951	递增	0
	2020	0.982	递减	0

5.2.4.2 第三产业集聚结构调整路径分析

从松弛变量$S-$值来看，DEA分析结果中并无关于2000年、2015年、2020年3个时间节点实现第三产业集聚结构最优的重心点间距离调整策略，即松弛变量$S-$均为0。

5.3 区县尺度城镇经济空间结构效能分析

5.3.1 城镇竞争优势结构效能分析

5.3.1.1 城镇竞争优势结构合理性判读

通过对区县尺度城镇竞争优势结构数据包络分析后的综合效益指数（分布如图5-2所示，具体值见表5-5）和规模报酬类型（表5-5）进行对比分析发现。

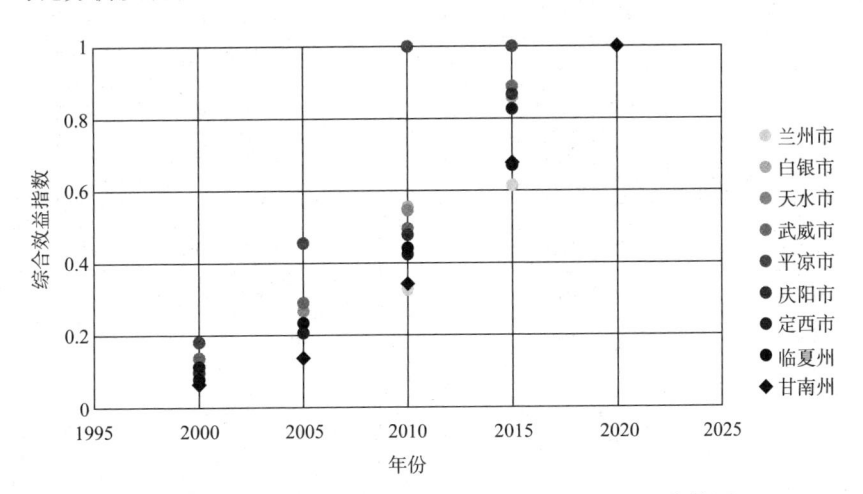

图5-2 各市州区县尺度城镇竞争优势结构综合效益指数图

表5-5 各市州区县尺度城镇竞争优势结构DEA分析结果表

时间/年	名称	OE	类型	松弛变量S-	名称	OE	类型	松弛变量S-
2000	兰州市	0.064	递增	229.062	庆阳市	0.097	递增	694.893
2005		0.139	递增	480.834		0.229	递增	818.422
2010		0.325	递增	614.885		0.478	递增	278.722
2015		0.612	递增	318.951		0.866	递增	1810.032
2020		1.000	固定	0		1.000	固定	0
2000	白银市	0.132	递增	734.107	定西市	0.112	递增	865.449
2005		0.265	递增	1615.68		0.204	递增	1285.375
2010		0.55	递增	2468.781		0.421	递增	3332.294
2015		0.858	递增	4604.249		0.825	递增	5765.117
2020		1.000	固定	0		1.000	固定	0
2000	天水市	0.114	递增	0	临夏州	0.073	递增	148.156
2005		0.267	递增	237.399		0.231	递增	902.026
2010		0.546	递增	171.875		0.438	递增	1527.074
2015		1.000	固定	0		0.669	递增	512.205
2020		1.000	固定	0		1.000	固定	0
2000	武威市	0.134	递增	96.249	甘南州	0.068	递增	141.293
2005		0.289	递增	287.012		0.137	递增	136.525
2010		0.494	递增	395.872		0.337	递增	76.956
2015		0.886	递增	853.5		0.672	递增	1571.267
2020		1.000	固定	0		1.000	固定	0
2000	平凉市	0.182	递增	0				
2005		0.455	递增	0				
2010		1.000	固定	0				
2015		1.000	固定	0				
2020		1.000	固定	0				

注 除去带有"×××"的松弛变量S-数值为距离区域城镇几何重心的距离外，其他松弛变量S-数值均为距中心城市重心的距离，表5-6~表5-8同。

从时间上看，整体上，随着时间推移，综合效益指数增强。其中2000年，区域城镇竞争优势结构均为弱效益，2005年仅平凉市城镇竞争优势结构为中等效益，2010年平凉市竞争优势结构综合效益指数为1，达到相对合理的城镇竞争优势结构，到2020年各个市州下辖区县间形成的竞争优势结构均达到相对合理的城镇竞争优势结构。表明区域城镇竞争优势结构整体向好发展。

从空间上看，平凉市的城镇竞争优势结构效益指数最高，甘南州整体城镇竞争优势结构效益指数偏低，表明在20年的发展中，整体上平凉市的城镇竞争优势结构最为趋向合理，而甘南州城镇竞争优势结构最不合理。值得关注的是，兰州市城镇竞争优势指数高，但在2020年前的其他时间节点其效益指数相对其他市州多处于中间水平，在2020年达到相对最优，表明兰州市城镇竞争优势结构仍有一定的优化空间。

从规模报酬类型来看，天水市2015年规模报酬类型为固定，平凉市2010年规模报酬类型为固定，表明两个市的城镇竞争优势结构均提前进入相对合理状态。在2020年9个市州下辖各区县所形成的城镇竞争优势结构的规模报酬类型均为固定，即均达到相对合理的城镇竞争优势结构。

5.3.1.2 城镇竞争优势结构调整路径分析

由表 5-5 所列松弛变量 $S-$ 可知，各个市州下辖各区县间形成的竞争优势结构调整路径。具体来看，兰州市2000年的松弛变量 $S-$ 值最小，为229.062，更易通过减少兰州城镇竞争优势重心与城关区几何重心的距离来实现结构相对最优，而2010年较为难以调整。

白银市2000年松弛变量 $S-$ 值最小，为734.107，最易通过减少城镇竞争优势重心与白银区几何重心的距离实现城镇竞争优势结构最优状态。

天水市 2005 年、2010 年松弛变量 $S-$ 值均不大，分别为237.399、171.875，较易实现城镇竞争优势结构的优化。

武威市2000年到2015年的松弛变量 $S-$ 值逐渐变大，表明通过调整城镇竞争优势重心与凉州区几何重心距离实现空间结构优化的难度越来越大。

平凉市因松弛变量$S-$为0，并没有具体的重心距离减少数值，无法确定空间结构优化拟合的具体方案。

从庆阳市松弛变量$S-$值来看，主要通过调整城镇竞争优势结构重心与庆阳城镇群体几何重心的距离实现竞争优势结构的优化调整，其中2010年最易调整为相对最优的竞争优势结构，而2015年最难。

从定西市松弛变量$S-$值来看，主要通过调整城镇竞争优势重心与安定区几何重心的距离实现竞争优势结构的优化调整，其中2000年最易调整为相对最优的竞争优势结构，而2015年最难。

从临夏州松弛变量$S-$值来看，2000年、2015年通过调整城镇竞争优势重心与区域城镇几何重心的距离实现城镇竞争优势结构的优化。2005年、2010年通过调整城镇竞争优势重心与中心城市临夏市几何重心的距离实现城镇竞争优势结构的优化，其中，2000年最易通过调整重心点间的距离实现城镇竞争优势结构的优化。

从甘南州松弛变量$S-$值来看，2000年、2005年通过调整城镇竞争优势重心与中心城市合作市几何重心的距离实现城镇竞争优势结构的优化，2010年、2015年通过调整城镇竞争优势重心与区域城镇几何重心的距离实现城镇竞争优势结构的优化，其中2000年最易通过调整重心点间的距离实现城镇竞争优势结构的优化。

5.3.2 第一产业集聚结构效能分析

5.3.2.1 第一产业集聚结构合理性判读

通过对区县尺度第一产业集聚结构数据包络分析后的综合效益指数（分布如图5-3所示，具体值见表5-6）和规模报酬类型（表5-6）进行对比分析发现，

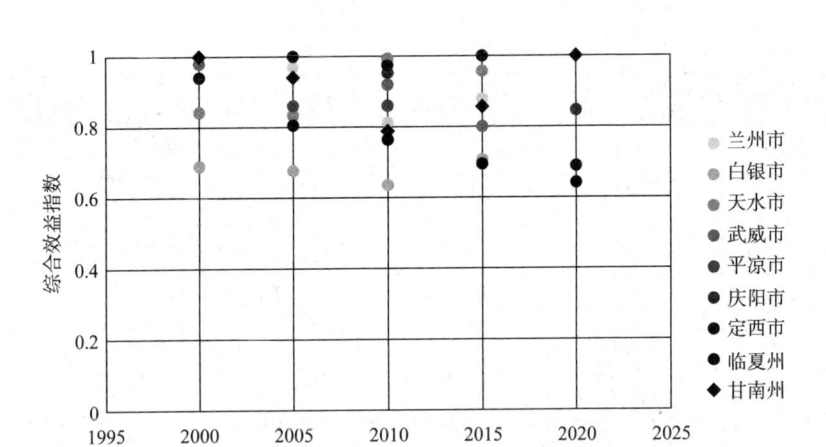

第5章
城镇经济空间结构经济效能

图5-3 各市州区县尺度第一产业集聚结构综合效益指数

表5-6 各市州区县尺度第一产业集聚结构DEA分析结果表

时间/年	名称	OE	类型	松弛变量S-	名称	OE	类型	松弛变量S-
2000	兰州市	1.000	固定	0	庆阳市	1.000	固定	0
2005		0.967	递增	0		1.000	固定	0
2010		0.811	递增	304.091		0.951	递增	16896.263
2015		0.878	递增	0		0.854	递增	17527.028
2020		1.000	固定	0		0.844	递增	9545.408
2000	白银市	0.688	递增	874.484	定西市	0.940	递增	0
2005		0.675	递增	1113.499		1.000	固定	0
2010		0.635	递增	2340.902		0.974	递增	0
2015		0.707	递增	1122.297		1.000	固定	0
2020		1.000	固定	0		0.688	递增	0
2000	天水市	0.843	递增	554.651	临夏州	1.000	固定	0
2005		0.831	递增	600.966		0.803	递减	2614.39
2010		0.99	递增	2839.832		0.764	递增	1134.086
2015		0.956	递增	3385.950		0.694	递增	192.94
2020		1.000	固定	0		0.640	递增	1441.735

109

续表

时间/年	名称	OE	类型	松弛变量S-	名称	OE	类型	松弛变量S-
2000	武威市	0.981	递增	0	甘南州	1.000	固定	0
2005		1.000	固定	0		0.940	递增	6054.681
2010		0.918	递增	0		0.786	递增	0
2015		0.801	递增	0		0.856	递增	0
2020		1.000	固定	0		1.000	固定	0
2000	平凉市	1.000	固定	0				
2005		0.855	递增	0				
2010		0.860	递增	253.388				
2015		1.000	固定	0				
2020		0.999	递增	0				

从时间上看，整体上各个时间节点第一产业集聚结构均都达到较强效益或强效益，第一产业集聚结构在促进第一产业集聚发展方面整体效能较好。在2020年庆阳、定西、临夏的综合效益指数小于1，第一产业集聚结构偏离合理。

从空间上看，整体上平凉市第一产业集聚结构的综合效益指数最低，甘南州的综合效益指数整体较高，即平凉市第一产业集聚结构不利于其第一产业集聚发展，甘南州第一产业集聚结构相较于其他市州更利于第一产业集聚发展。

从规模报酬类型来看，白银市、天水市规模报酬类型均由递增转向固定，第一产业集聚结构转向合理。临夏州2005年出现规模报酬递减类型，即临夏州第一产业集聚水平整体偏高，由附表2也能看出临夏州第一产业处于高度集聚水平。其余6个市州的规模报酬类型在固定和递增之间交替反复，表明这些市州第一产业集聚结构并不稳定，其结构的合理性出现了"阴晴圆缺"现象，也进一步说明第一产业集聚结构是第一产业是否集聚发展的"杠杆"。

5.3.2.2 第一产业集聚结构调整路径分析

由表 5-6 所列松弛变量 $S-$ 可知，各个市州下辖各区县间形成的第一产业集聚结构调整路径。具体来看，兰州市 2000 年松弛变量 $S-$ 值为 304.091m，即将第一产业集聚水平重心与区域城镇群体几何重心的距离减少 304.091m，将达到第一产业集聚结构的相对最优。

白银市 2000 年松弛变量 $S-$ 值最小，为 874.484m，即将第一产业集聚水平重心与区域城镇群体几何重心的距离减少 874.484m，将达到第一产业集聚结构的相对最优。

天水市 2000 年松弛变量 $S-$ 值最小，为 554.651m，即将第一产业集聚水平重心与秦州区几何重心的距离减少 554.651m，将达到第一产业集聚结构的相对最优。

武威市 2000 年、2010 年、2015 年松弛变量 $S-$ 值均为 0，因此无法提供通过调整重心点间距离实现空间结构的相对最优。

平凉市 2010 年松弛变量 $S-$ 值为 253.388m，即将第一产业集聚水平重心与崆峒区几何重心的距离减少 253.388m，将达到第一产业集聚结构的相对最优。

庆阳市 2010 年、2015 年、2020 年 3 个时间节点松弛变量 $S-$ 值均较大，难以通过调整重心点间距离实现第一产业集聚结构的相对最优。

定西市 2000 年、2010 年、2020 年 3 个时间节点松弛变量 $S-$ 值均为 0，无法通过调整重心点间距离实现第一产业集聚结构的相对最优。

临夏州 2015 年松弛变量 $S-$ 值最小，为 192.94m，表明通过减少 192.94m 第一产业集聚水平重心与区域城镇几何重心的距离，将达到第一产业集聚结构最优。

甘南州 2005 年松弛变量 $S-$ 值 6054.681m，难以通过调整第一产业集聚重心与区域城镇几何重心的距离实现第一产业集聚结构的相对最优。2010 年、2015 年松弛变量 $S-$ 值为 0，无法通过调整重心点间距离实现第一产业集聚结构的相对最优。

5.3.3 第二产业集聚结构效能分析

5.3.3.1 第二产业集聚结构合理性判读

通过对区县尺度第二产业集聚结构数据包络分析后的综合效益指数（分布如图5-4所示，具体值见表5-7）和规模报酬类型（表5-7）进行对比分析发现。

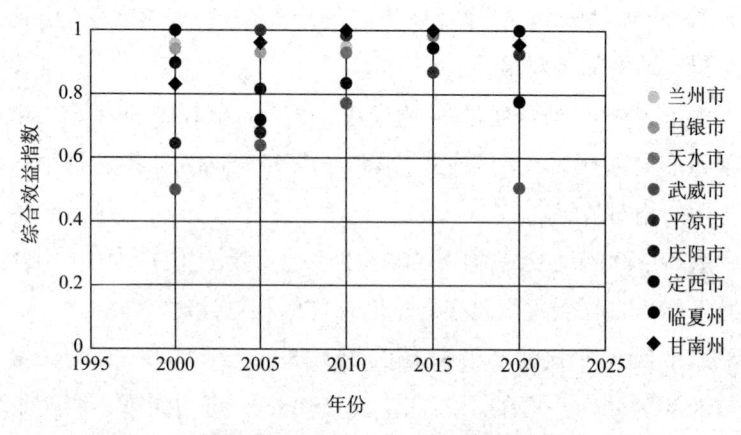

图5-4 各市州区县尺度第二产业集聚结构综合效益指数

表5-7 各市州区县尺度第二产业集聚结构DEA分析结果表

时间	名称	OE	类型	松弛变量S-	名称	OE	类型	松弛变量S-
2000	兰州市	0.953	递增	5862.045	庆阳市	0.642	递增	9991.033
2005		0.930	递增	6786.459		0.680	递增	2783.907
2010		0.948	递增	4450.721		0.829	递增	5483.454
2015		0.975	递增	7828.130		0.995	递增	2346.316
2020		1.000	固定	0		1.000	固定	0
2000	白银市	0.937	递增	0	定西市	0.898	递增	0
2005		0.930	递增	0		0.813	递增	11085.093
2010		0.987	递增	0		0.835	递增	0

续表

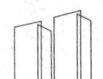

时间	名称	OE	类型	松弛变量S-	名称	OE	类型	松弛变量S-
2015	白银市	1.000	固定	0	定西市	1.000	固定	0
2020		1.000	固定	0		1.000	固定	0
2000	天水市	1.000	固定	0	临夏州	1.000	固定	0
2005		1.000	固定	0		0.716	递增	0
2010		0.932	递增	0		1.000	固定	0
2015		0.984	递增	0		0.943	递增	550.615
2020		0.926	递增	3737.784		0.777	递减	0
2000	武威市	0.499	递增	1588.291	甘南州	0.829	递增	11283.228
2005		0.638	递增	3178.039		0.960	递增	509.203
2010		0.774	递增	1753.606		1.000	固定	0
2015		1.000	固定	0		1.000	固定	0
2020		0.505	递增	2349.772		0.951	递增	25016.162
2000	平凉市	1.000	固定	0				
2005		1.000	固定	0				
2010		0.987	递减	108.539				
2015		0.869	递增	1783.196				
2020		0.934	递减	3271.476				

从时间上看，整体上，除武威市2000年、2020年的综合效益为中等水平外，其他市州各个时间节点第二产业集聚结构均都达到较强效益或强效益，第二产业集聚结构在促进第二产业集聚发展方面整体效能较好。在2020年天水市、武威市、平凉市、临夏州、甘南州五个市（州）的综合效益指数小于1，第二产业集聚结构偏离合理。

从空间上看，整体上武威市、临夏州第二产业集聚结构的综合效益指数偏低，兰州市、白银市、天水市、庆阳市的综合效益指数整体较高，即武威市、临夏州第二产业集聚结构不利于其第二产业集聚发展，兰州市、白银市、天水市、庆阳市第二产业集聚结构效能更好，更利于其第二产业集聚发展。

从规模报酬类型来看，兰州市、白银市、庆阳市、定西市规模报酬类型均有递增转向固定，第二产业集聚结构逐步转向合理。此外，平凉市2020年出现规模报酬递减类型，其余5个市州的规模报酬类型在固定和递增之间交替反复，表明这些市州第二产业集聚结构并不稳定。

5.3.3.2 第二产业集聚结构调整路径分析

由表5-7所列松弛变量$S-$可知，各个市州下辖各区县间形成的第二产业结构调整路径。具体来看，兰州市除2020年外，其他时间节点松弛变量$S-$值均较大，难以通过调整第二产业集聚水平重心与城关区几何重心的距离实现第二产业集聚结构优化。

白银市2000年、2005年、2010年的松弛变量$S-$值均为0，无法判断如何通过调整重心点间距离实现第二产业集聚结构的相对最优。

天水市2020年松弛变量$S-$值较大，难以通过调整第二产业集聚水平重心与秦州区几何重心的距离实现第二产业集聚结构优化。2010年、2015年松弛变量$S-$值均为0，无法判断如何通过调整重心点间距离实现第二产业集聚结构的相对最优。

武威市2020年松弛变量$S-$值2349.772m，不易通过调整第二产业集聚水平重心与区域城镇群体几何重心的距离实现第二产业集聚结构优化。

平凉市2010年松弛变量$S-$值较小，为108.539m，即通过减少108.539m的第二产业集聚重心与区域城镇群体几何重心的距离将能够实现第二产业集聚结构的相对最优。

庆阳市除2020年外，其他时间节点松弛变量$S-$值较大，难以通过调整第二产业集聚水平重心与区域城镇群体几何重心的距离实现第二产业集聚结构优化。

定西市2005年松弛变量$S-$值较大，难以通过调整第二产业集聚水平重心与区域城镇群体几何重心的距离实现第二产业集聚结构优化。其他时间节点松弛变量$S-$值均为0，无法判断如何通过调整重心点间距离实现第二产业集聚结构的相对最优。

临夏州2015年松弛变量$S-$值为550.615m，通过减少550.615m第二产业集聚水平重心与临夏市几何重心的距离实现第二产业集聚结构优化。其他时间节点松弛变量$S-$值均为0，无法判断如何通过调整重心点间距离实现第二产业集聚结构的相对最优。

甘南州2005年松弛变量$S-$值为509.203m，通过减少509.203m第二产业集聚水平重心与合作市几何重心的距离实现第二产业集聚结构优化。其他时间节点松弛变量$S-$值为0或过大，无法或难以通过调整重心点间距离实现第二产业集聚结构的相对最优。

5.3.4 第三产业集聚结构效能分析

5.3.4.1 第三产业集聚结构合理性判读

通过对区县尺度第三产业集聚结构数据包络分析后的综合效益指数（分布如图5-5所示，具体值见表5-8）和规模报酬类型（表5-8）进行对比分析发现。

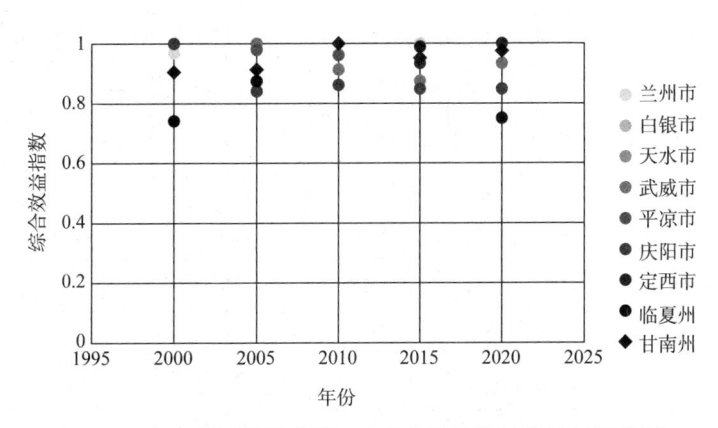

图5-5 各市州区县尺度第三产业集聚结构综合效益指数图

表5-8 各市州区县尺度第三产业集聚结构DEA分析结果表

时间	名称	OE	类型	松弛变量S-	名称	OE	类型	松弛变量S-
2000	兰州市	0.965	递增	0	庆阳市	1.000	固定	0
2005		1.000	固定	0		0.839	递增	11087.79
2010		1.000	固定	0		0.858	递增	16442.597
2015		1.000	固定	0		0.844	递增	16645.48
2020		1.000	固定	0		0.844	递增	16662.772
2000	白银市	0.993	递减	0	定西市	0.741	递增	1128.347
2005		1.000	固定	0		0.869	递增	0
2010		0.992	递增	3071.306		1.000	固定	0
2015		0.929	递减	0		0.932	递增	0
2020		1.000	固定	0		1.000	固定	0
2000	天水市	1.000	固定	0	临夏州	0.736	递增	3355.358
2005		1.000	固定	0		0.877	递增	1415.949
2010		1.000	固定	0		1.000	固定	0
2015		0.932	递增	308.7		0.984	递减	1294.148
2020		0.945	递增	0		0.745	递增	1769.184
2000	武威市	1.000	固定	0	甘南州	0.903	递增	6980.656
2005		1.000	固定	0		0.910	递增	4812.051
2010		0.908	递增	0		1.000	固定	0
2015		0.871	递增	2783.6		0.946	递增	4259.664
2020		0.929	递增	0		0.974	递增	11483.731
2000	平凉市	1.000	固定	0				
2005		0.972	递增	422.005				
2010		0.956	递增	0				
2015		0.979	递增	2195.512				
2020		1.000	固定	0				

从时间上看，除2000年和2020年临夏州、2000年定西市的综合效益为较高水平外，其余时间节点其他市州的综合效益均达到高水平，整体上结构效能偏好，表明区域第三产业集聚结构对于第三产业集聚发展较好。

从空间上看，整体上庆阳市第三产业集聚结构的综合效益指数偏低，兰州市、天水市、甘南州、平凉市的综合效益指数整体较高，即庆阳市第三产业集聚结构相较其他市州不利于其第三产业集聚发展，兰州市、天水市、甘南州、平凉市第三产业集聚结构效能更好，更利于其第三产业集聚发展。

从规模报酬类型来看，兰州市、白银市、平凉市、定西市规模报酬类型在2020年均为固定，第三产业集聚结构逐步转向合理。其余5个市州的规模报酬类型在固定与递增间交替，且2020年规模报酬类型均为递增，表明这些市州第三产业集聚结构并不稳定，第三产业集聚结构还有一定的优化空间。

5.3.4.2 第三产业集聚结构调整路径分析

由表5-8所列松弛变量$S-$可知，各个市州下辖各区县间形成的第三产业结构调整路径。具体来看，兰州市第三产业集聚结构整体很好，松弛变量$S-$值均为0，无法判断如何通过调整重心点间距离实现兰州市第三产业集聚结构的进一步优化。

白银市2010年松弛变量$S-$为3071.306m，即若减少3071.306m第三产业集聚水平重心与白银区几何重心的距离将能够实现第三产业集聚结构最优。

天水市2015年松弛变量$S-$为308.7m，即若减少308.7m第三产业集聚水平重心与区域城镇群体几何重心的距离将能够实现第三产业集聚结构最优。

武威市2015年松弛变量$S-$为2783.6m，即若减少2783.6m第三产业集聚水平重心与凉州区几何重心的距离将能够实现第三产业集聚结构最优。

平凉市2005年松弛变量$S-$较小，为422.005m，即若减少422.005m第三产业集聚水平重心与崆峒区几何重心的距离将能够实现第三产业集聚结构最优。

庆阳市除2000年第三产业集聚结构合理外，其他时间节点松弛变量$S-$为0或较大，难以通过调整重心点间的距离实现第三产业集聚结构最优。

定西市2000年松弛变量$S-$为1128.347m，即若减少1128.347m第三产业集聚水平重心与区域城镇群体几何重心的距离将能够实现第三产业集聚结构最优。

临夏州若需对2010年外其他时间节点进行第三产业集聚空间结构优化，可调整第三产业集聚水平重心与区域城镇群体几何重心的距离来实现第三产业集聚结构最优，其中2015年松弛变量$S-$值相比其它时间节点最小，为1294.148m，最易调节。

甘南州若需进行第三产业集聚空间结构优化，可调整第三产业集聚水平重心与合作市几何重心的距离来实现第三产业集聚结构最优，但整体上松弛变量$S-$值偏大，不易调节。

5.4 "市州—区县"尺度经济空间结构效能对比分析

5.4.1 城镇经济空间结构合理性对比分析

无论市州尺度还是区县尺度，城镇竞争优势结构的综合效益都最终有所增强，且到2020年达到相对最优结构，而第一、第二、第三产业集聚结构的综合效益忽强忽弱，进一步说明城镇竞争优势结构是在第一、第二、第三产业的交替作用下逐步得到优化达到相对最优结构。多个研究单元出现2020年综合效益小于1的情况，即说明当前第一、第

二、第三产业集聚结构并不合理，还有很大的优化提升空间。

具体就第一、第二、第三产业集聚结构的合理性比较来看，市州尺度的第一、第二、第三产业集聚结构综合效益高于区县尺度，即市州尺度的产业集聚空间结构效能高于区县尺度，市州尺度更利于形成产业集聚的空间结构，这也与第一、第二、第三产业发展相关的资源在市州尺度多于区县尺度有关，市州尺度更利于资源调配。

5.4.2 城镇经济空间结构调整路径对比分析

通过对比 DEA 分析结果中的松弛变量 $S-$ 值发现，在市州尺度上城镇竞争优势结构的优化相较于区县尺度更难；在市州尺度的第一产业集聚结构优化相较于区县尺度更为容易；在市州尺度的第二产业集聚结构优化相较于区县尺度更为容易；在市州尺度的第三产业集聚结构优化相较于区县尺度而言无法比较，但需要进行第三产业集聚结构调整的单元松弛变量 $S-$ 值整体偏大，即第三产业集聚结构不易调整。

通过对比同一尺度下各经济要素空间结构松弛变量 $S-$ 值的均值发现（松弛变量 $S-$ 值为 0 的决策单元不纳入均值计算中），在市州尺度，各经济要素空间结构优化的整体难度为：第一产业集聚结构（3745.427）＞第二产业集聚结构（2886.37）＞城镇竞争优势结构（2626.702），因第三产业集聚结构的松弛变量 $S-$ 值均为 0，无法进行比较。在区县尺度，各经济要素空间结构优化的整体难度为：第三产业集聚结构（5895.492）＞第二产业集聚结构（5321.289）＞第一产业集聚结构（3822.033）＞城镇竞争优势结构（1099.142）。

5.5 本章小结

本章结合第 3 章、第 4 章中的各类经济空间要素数据和相应的重心点集坐标数据，对经济空间结构的效能进行了详实的探讨。研究首先对中心地理论进行了深入解读，将中心地理论中的城镇结构体系与现实中的城镇空间结构建立起联系，并以中心地理论中的城镇结构作为最优模式。接着结合DEA模型探讨不同经济要素空间结构的结构效能，判断空间结构的演化是否合理或达到相对最优，进行市州和区县两个尺度的综合分析。

结果发现两个尺度的城镇竞争优势结构逐步演变为合理，在2020年均达到相对最优，而第一、第二、第三产业集聚结构却还有一定的优化提升空间。若进行经济空间结构优化，则经济空间结构优化难度在市州尺度排序为：第一产业集聚结构（3745.427）＞第二产业集聚结构（2886.37）＞城镇竞争优势结构（2626.702），第三产业集聚结构不作比较，在区县尺度为：第三产业集聚结构（5895.492）＞第二产业集聚结构（5321.289）＞第一产业集聚结构（3822.033）＞城镇竞争优势结构（1099.142）。

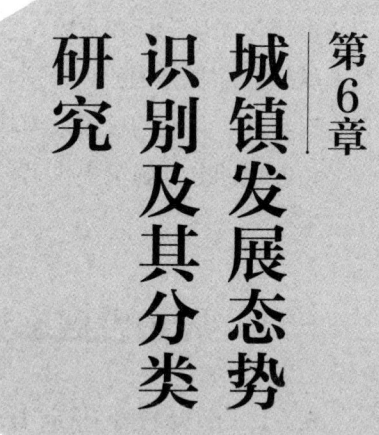

第6章 城镇发展态势识别及其分类研究

本章首先从指标权重确定、城镇发展收缩水平识别、耦合协调性测度、城镇收缩类型甄别四个方面介绍了城镇发展态势研究的具体方法。接着对县域、县城的城镇收缩状态、类型进行了识别，为黄河流域甘肃段城镇发展的分类施策提供了参考依据。

6.1 城镇发展态势研究方法

6.1.1 指标权重确定方法

尽管城镇发展主要表现在人口、经济、土地三个方面，但由于不同地区往往城镇发展模式、发展阶段不一致，导致三个方面的发展并不同步，本书选用熵值法从客观视角计算研究区各指标原始数据获得权重，能规避研究单元因某些因子的无序而带来的不平衡性，更符合黄河流域甘肃段城镇自身发展特征。具体步骤如下：

（1）假设有 m 个评价对象，n 个指标，x_{ij} 为第 i 个评价对象第 j 个原始指标数据的数值，其中 $i \in \{1, m\}$，$j \in \{1, n\}$，构建指标矩阵：

$$X = \{x_{ij}\}_{n \times m} \quad (6-1)$$

由于本书所选指标均为城镇发展的正向指标，故采用以下方法对原始数据进行标准化处理以消除量纲的影响：

$$x_{ij}^* = \frac{x_{ij} - \min(x_{ij})}{\max(x_{ij}) - \min(x_{ij})} + 0.00001 \quad (6-2)$$

（2）计算第 j 项指标的熵值：

$$T_j = -\frac{1}{\ln(n)} \sum_{i=1}^{n} \frac{x_{ij}^*}{\sum_{i=1}^{n} x_{ij}^*} \ln \frac{x_{ij}^*}{\sum_{i=1}^{n} x_{ij}^*} \quad (6-3)$$

（3）通过模糊综合评价法计算各县级单元（县城或县域）的人口、

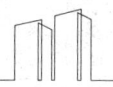

土地、经济在城镇发展中的综合得分（U），公式如下：

$$U = \sum_{i=1}^{n}\left[1 - \frac{T_j}{\sum_{i=1}^{n}(1-T_j)}\right] \times \frac{x_{ij}^*}{\sum_{i=1}^{n}x_{ij}^*} \tag{6-4}$$

标准化后的无量纲值；x_{ij}^* 为标准化数据；T_j 为第 j 项指标的熵值。

6.1.2 城镇发展收缩水平识别方法

本书在收缩城市判别方法的基础上进行改进，将县域或县城城镇发展水平变化率定义为 S，得到城镇发展收缩水平计算模型如下。即当 $S<0$ 时，表明城镇发展综合水平下滑，表现为收缩状态；当 $S>0$ 时，认为城镇发展表现为扩张状态。

$$S = \frac{U_{2020} - U_{2018}}{U_{2018}} \times 100\% \tag{6-5}$$

式中　U_{2018}——2018年的城镇发展综合水平；

U_{2020}——2020年的城镇发展综合水平。

6.1.3 城镇发展耦合协调性测度方法

城镇发展的耦合协调性分析包括耦合度、协调性两部分，其中耦合主要是指2个或2个以上的系统通过各种相互作用而彼此影响的现象。耦合度（C）计算公式为：

$$C = 3 \times \left[\frac{\mu_1 \times \mu_2 \times \mu_3}{(\mu_1 + \mu_2 + \mu_3/3)^3}\right]^{\frac{1}{3}} \tag{6-6}$$

式中　μ_1——各研究单元的人均生产总值（元·人$^{-1}$）；

μ_2——人口密度（人·km^{-2}）；

μ_3——地均GDP（10^4元·km^{-2}）。

为了更好地反映研究单元城镇发展过程中人口、土地和经济三者间交互耦合的协调效应，构建3者的耦合协调度模型，具体公式如下：

$$D=\sqrt{CT}, \quad T=\alpha\mu_1+\beta\mu_2+\varphi\mu_3 \quad (6-7)$$

式中　　D——耦合协调度，其大小反映了城镇发展协调水平的高低；

T——人口、土地、经济的综合协调指数；

$\alpha、\beta、\varphi$——待定系数，即采用各指标权重代替。

城镇发展耦合协调水平变化计算模型如下：

$$K=\frac{D_{2020}-D_{2018}}{D_{2018}}\times 100\% \quad (6-8)$$

式中　D_{2018}——2018年的耦合协调水平；

D_{2020}——2020年的耦合协调水平；

K——城镇发展耦合协调水平变化率。

当$K>0$时，表明城镇发展更加协调；当$K<0$时，表明城镇发展协调性变差。

6.1.4　城镇收缩类型甄别方法

本着人口、土地、经济协调发展的城镇为良性发展态势的原则，本书认为城镇发展协调性下降的收缩城市自我调节能力差，收缩态势难以好转，收缩状态将维持一段时间，定义为"绝对收缩"；协调性上升的收缩城市具有自我调节能力，即研究时段内的收缩状态是相对暂时的，定义为"相对收缩"。同理，协调性上升的扩张城市将具备持续扩张能力，定义为"绝对扩张"；协调性下降的扩张城市将难以长期保持扩张态势发展，定义为"相对扩张"。即得到城镇发展收缩类型判别具体方法为：当$S>0$且$K>0$时，为绝对增长型；当$S>0$且$K<0$时，为相对增长型；当$S<0$且$K>0$时，为相对收缩型；当$S<0$且$K<0$时，为绝对收缩型。研究构建象限图如图6-1所示。

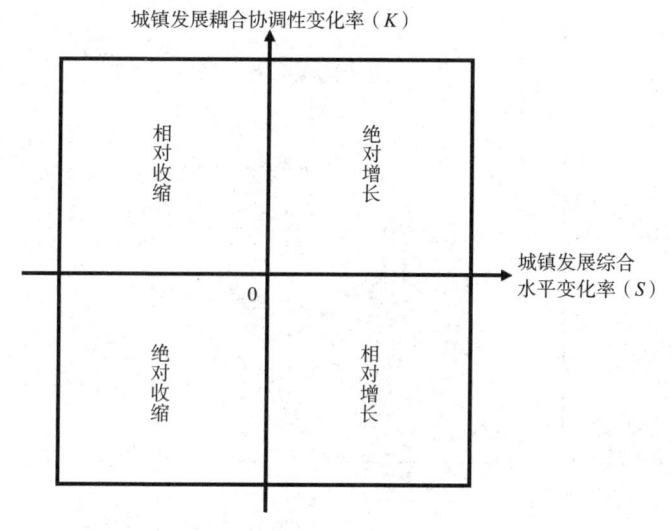

图6-1 城镇发展张弛水平分类分析示意图

6.2 城镇发展的收缩状态识别

6.2.1 县域收缩状态识别

在对黄河流域甘肃段各县级单元2018年和2020年城镇发展水平测度的基础上，获得各县级单元县域城镇发展水平变化率（S）（图6-2）。在黄河流域甘肃段县域发生收缩的县级单元共14个，占整个区域的22.58%，其中广河县、清水县以农业为主导，县域收缩最为明显，县域城镇发展水平变化率（$S_{域}$）分别为-0.28、-0.19。县域发生扩张的县级单元共计48个，占整个区域的77.42%，其中以农业型县、县级市和少数市辖区为主，综上表明区域内大多数县级单元的县域以扩张型发展为主，发展态势较好。

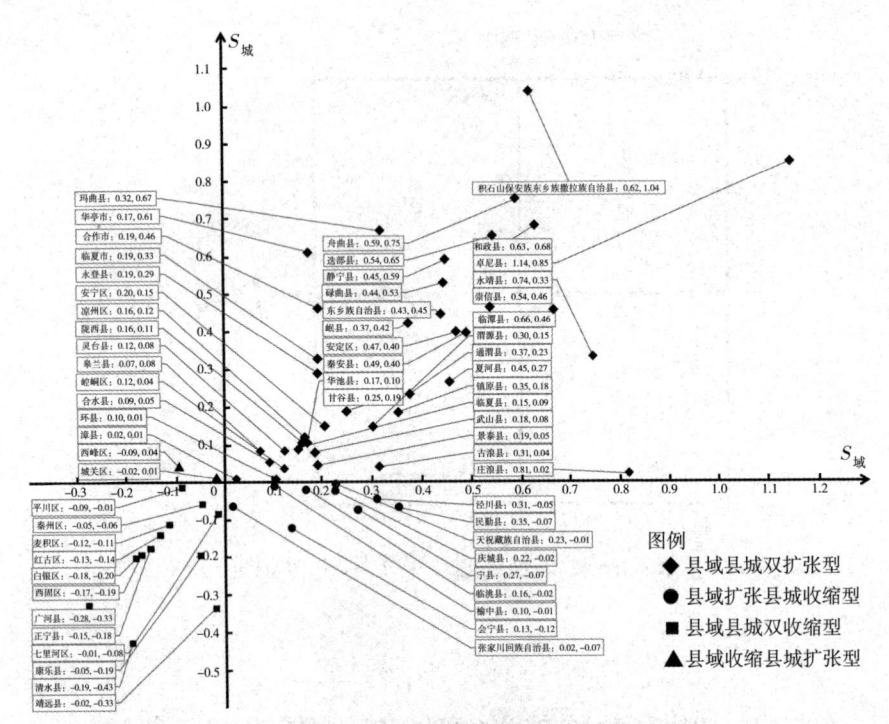

图6-2 县级尺度城镇发展综合水平变化

注：$S_{域}$为县域城镇发展水平变化率；$S_{城}$为县城城镇发展水平变化率。下同。

6.2.2 县城收缩状态识别

根据各县级单元的县城 S（图6-2），县城发生收缩的县级单元共21个，占整个区域的33.87%，即黄河流域甘肃段1/3的县城表现为收缩型，以工业型和少数农业型县级单元为主，广河县、清水县的县城城镇发展水平变化率（$S_{城}$）分别为-0.33、-0.43，县城收缩程度较大。县城发生扩张的县级单元共计41个，占整个区域的66.13%，其中积石山县、卓尼县 $S_{城}$ 分别为1.04、0.85，县城城镇发展水平提升较大，此类县城将更利于培育为县域城镇发展增长极。

通过对比分析县域和县城的城镇发展水平变化情况发现，县域县城双扩张型共有 39 个，占整个区域的 62.0%，积石山县（$S_{域}$=0.62、$S_{城}$=1.04）和卓尼县（$S_{域}$=1.14、$S_{城}$=0.85）在 2018—2020 年城镇化发展势头更强劲。县域扩张县城收缩型县级单元共有 9 个，占整个区域的 14.52%。县域县城双收缩型县级单元共有 12 个，主要为工业主导型，受国家去工业化、供给侧改革等政策影响，县城地均 GDP、人均 GDP 均有所下降，最终导致该类县级单元县城发展表现为收缩状态。县域收缩县城扩张型县级单元仅城关区、西峰区 2 个，主导功能属于城市服务型，城市化基础条件好，县城扩张是必然结果，但县域城镇发展水平略微下降，表明 2 个区对乡村地区具有虹吸效应。

6.3 城镇发展的收缩类型识别

6.3.1 县域收缩类型识别

通过对黄河流域甘肃段 62 个县级单元 2018 年和 2020 年城镇发展水平、城镇发展耦合协调性进行测度，获得区域各县域 $S_{域}$ 和县域城镇发展耦合协调水平变化率（$K_{域}$）（图 6-3）。结果表明：研究区县域绝对扩张型 18 个、相对扩张型 30 个、绝对收缩型 4 个、相对收缩型 10 个。其中，县域表现为绝对扩张型的县级单元将更利于城乡融合发展和促进乡村振兴；县域表现为相对扩张型的县级单元虽然城镇发展水平有所提升，但人口、土地、经济三者间的协调性有所下降，该类县域城镇发展策略模式有待优化。县域表现为绝对收缩型的县级单元仅 4 个，该类县域除城镇化内生动力不足外，县域发展过程中各要素的协调性也在降低；县域表现为相对收缩型的县级单元，主要分布在兰州市、白银市、天水市等局部地区，该类县级单元受国家去工业化和黄河流域生态保护等政策影响，县城的城镇发展水平下滑间接导致县域表现为收缩发展。

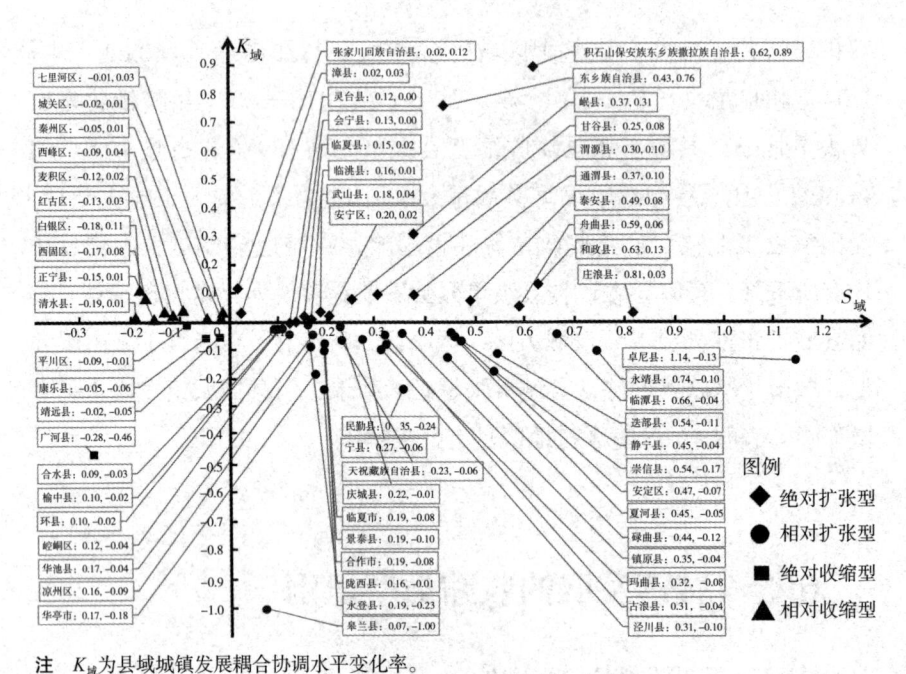

图6-3　县域城镇发展收缩类型判别象限

注　$K_{城}$为县域城镇发展耦合协调水平变化率。

6.3.2　县城收缩类型识别

综合比较$S_{城}$、县城城镇发展耦合协调水平变化率（$K_{城}$）发现（图6-4），县城表现为绝对扩张型的县级单元40个、相对扩张型1个、绝对收缩型17个、相对收缩型4个。具体来看，在扩张型县城中，仅永登县$K_{城}$略小于0，其余扩张型县城的$K_{城}$均大于0，表明就县城而言，城镇化水平的提升与"人口－土地－经济"协调性的提升是同步的。在收缩型县城中，多数收缩型县城的$K_{城}$小于0，表明该类县城存在持续衰退的可能，即绝对收缩。对于相对收缩型的县城而言，因其县城发展的协调性有所提升，城镇发展水平的提升潜力更大，将有助于收缩发展态势好转。

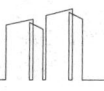

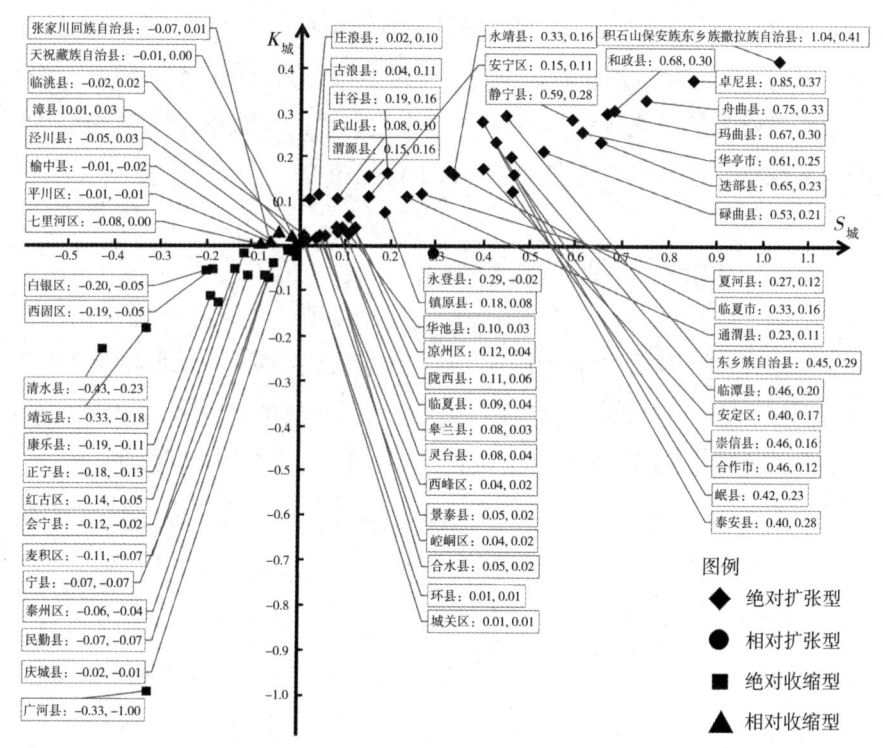

第6章
城镇发展态势识别及其分类研究

图中数据点（散点图，横轴 $S_{城}$，纵轴 $K_{城}$）：

左侧标注：
- 张家川回族自治县：-0.07, 0.01
- 天祝藏族自治县：-0.01, 0.00
- 临洮县：-0.02, 0.02
- 漳县：-0.01, 0.03
- 泾川县：-0.05, 0.03
- 榆中县：-0.01, -0.02
- 平川区：-0.01, -0.01
- 七里河区：-0.08, 0.00
- 白银区：-0.20, -0.05
- 西固区：-0.19, -0.05
- 清水县：-0.43, -0.23
- 靖远县：-0.33, -0.18
- 康乐县：-0.19, -0.11
- 正宁县：-0.18, -0.13
- 红古区：-0.14, -0.05
- 会宁县：-0.12, -0.02
- 麦积区：-0.11, -0.07
- 宁县：-0.07, -0.07
- 秦州区：-0.06, -0.04
- 民勤县：-0.07, -0.07
- 庆城县：-0.02, -0.01
- 广河县：-0.33, -1.00

中间标注：
- 庄浪县：0.02, 0.10
- 古浪县：0.04, 0.11
- 甘谷县：0.19, 0.16
- 武山县：0.08, 0.10
- 渭源县：0.15, 0.16
- 永登县：0.29, -0.02
- 镇原县：0.18, 0.08
- 华池县：0.10, 0.03
- 崆州区：0.12, 0.04
- 陇西县：0.11, 0.06
- 临夏县：0.09, 0.04
- 皋兰县：0.08, 0.03
- 灵台县：0.08, 0.04
- 西峰区：0.04, 0.02
- 景泰县：0.05, 0.02
- 崆峒区：0.04, 0.02
- 合水县：0.05, 0.02
- 环县：0.01, 0.01
- 城关区：0.01, 0.01

右侧标注：
- 永靖县：0.33, 0.16
- 安宁区：0.15, 0.11
- 静宁县：0.59, 0.28
- 积石山保安族东乡族撒拉族自治县：1.04, 0.41
- 和政县：0.68, 0.30
- 卓尼县：0.85, 0.37
- 舟曲县：0.75, 0.33
- 玛曲县：0.67, 0.30
- 华亭市：0.61, 0.25
- 迭部县：0.65, 0.23
- 禄曲县：0.53, 0.21
- 夏河县：0.27, 0.12
- 临夏市：0.33, 0.16
- 通渭县：0.23, 0.11
- 东乡族自治县：0.45, 0.29
- 临潭县：0.46, 0.20
- 安定区：0.40, 0.17
- 崇信县：0.46, 0.16
- 合作市：0.46, 0.12
- 岷县：0.42, 0.23
- 秦安县：0.40, 0.28

图例：
- ◆ 绝对扩张型
- ● 相对扩张型
- ■ 绝对收缩型
- ▲ 相对收缩型

注 $K_{城}$为县城城镇发展耦合协调水平变化率。

图6-4　县城城镇发展收缩类型判别象限

6.4　本章小结

本章围绕城镇化发展的人口、土地、经济3个核心要素分别构建判断县域、县城城镇发展水平的评价指标体系，对黄河流域甘肃段各县级单元发展的收缩状态展开研究，结论如下。

6.4.1　城镇发展收缩状态识别

黄河流域甘肃段西固区、白银区、麦积区等县级单元并不符合"工业主导地区常住人口上升城镇发展综合水平就处于上升状态"的逻辑，而是表现为收缩型发展态势。此外大多数县级单元发展态势良好，其中县域发生收缩的县级单元14个，县城发生收缩的县级单元共21个，大部分县城发生收缩与供给侧改革、去工业化相关。

6.4.2 城镇发展收缩状态分类

县域尺度，绝对扩张型18个、相对扩张型30个、绝对收缩型4个、相对收缩型10个。县城尺度，绝对扩张型的县级单元40个、相对扩张型1个、绝对收缩型17个、相对收缩型4个。区域内绝对扩张型或绝对收缩型的县城数量均多于县域，各县城间城镇发展失衡，增减分化严重。

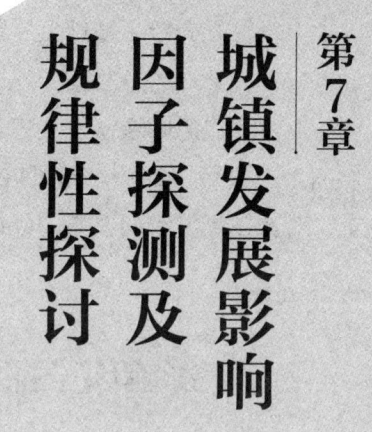

第7章 城镇发展影响因子探测及规律性探讨

本章首先介绍了城镇发展影响因子的探测方法。接着通过构建城镇经济空间要素的相关变量，对城镇经济空间要素的影响因子进行了探测。通过构建影响城镇发展态势的相关变量，对县域、县城发展态势的影响因子进行了探测。最后在分析区域各城镇工业化阶段特征的基础上，对城镇经济空间要素的规律性进行了探讨。

7.1 影响因子探测方法

地理探测器作为探测解释因子、分析因子交互关系的空间统计方法，能够根据自变量和因变量在空间上分布的相似性，判断自变量与因变量的相互关系，这种二维空间上的比较将比一维线性统计分析的结果更加可靠，能更好地解释地理事物的发生发展机制。具体计算公式如下：

$$q = 1 - \frac{1}{N\sigma^2} \sum_{h=1}^{L} N_h \sigma_h^2 \qquad (7-1)$$

式中　　　　　　　q——解释力，即解释因子的贡献值；

　　　h（$h=1,2,\cdots,L$）——变量 Y 或因子 X 的分层，即分类或分区；

　　　　　　　　　N_h——层 h 的单元数；

　　　　　　　　　N——全区的单元数；

　　　　　　　　　σ_h^2——层 h 的 Y 值的方差；

　　　　　　　　　σ^2——全区的 Y 值的方差。

$q \in [0,1]$，q 值越大表示自变量 X 对属性 Y 的解释力越强，反之则越弱。

7.2 城镇经济空间要素影响因子探测

7.2.1 变量设计

本章关于黄河流域甘肃段城镇经济空间要素的影响因子探测主要从城镇竞争优势和产业集聚水平两个方面展开，地方城镇经济发展受多种因子驱动。从既有研究来看，城镇竞争优势和产业集聚水平受城镇化水平、经济实力、人民生活质量、开发建设、产业结构、政府活力等多个方面影响，考虑数据指标的可获取性和科学性，分别选取9个变量作为影响城镇竞争优势和产业集聚水平的因子，如表7-1所示。

表7-1 影响城镇经济空间结构的各解释变量具体含义

类别	县域指标	代码
城镇化水平	城镇化率	X_1
经济实力	GDP总量	X_2
人民生活	人均GDP	X_3
开发建设	固定资产投资	X_4
产业结构	第一产业占GDP的比重	X_5
产业结构	第二产业占GDP的比重	X_6
产业结构	第三产业占GDP的比重	X_7
政府活力	政府财政收入	X_8
政府活力	政府财政支出	X_9

7.2.2 影响因子探测

研究以2020年城镇竞争优势指数、第一、第二、第三产业集聚指数等城镇空间经济要素数据作为因变量，通过统计年鉴数据直接或间接获取各解释变量数据作为自变量。此外，考虑市州样本仅有9个，为保证因子探测结果更为客观可靠，以62个区县作为样本进行探测，探测结果如表7-2所示。

结果显示，在城镇竞争优势方面，GDP总量、政府财政收入影响较大且显著，q值分别为0.750、0.735，而政府财政支出的影响最小，q值为0.038，表明城镇的经济实力和政府财政收入的增加能够更好地提高其在区域中的竞争优势，政府财政支出与城镇竞争优势的关联不大。

在第一产业集聚发展方面，发现第一产业占GDP的比重对其产业集聚发展的影响最大，q值为0.953，其次为城镇化率、人均GDP，q值分别为0.445、0.446，表明第一产业占比较大的城镇，农牧业更为集中，更利于第一产业规模化，同时在黄河流域甘肃段，城镇化水平高、人民生活好的城镇往往第一产业集聚发展也具有潜力、优势。

在第二产业集聚发展方面，第二产业占GDP比重、第三产业占GDP比重的q值显著且分别为0.951、0.509，表明区域第二、第三产业产值的占比越高，第二产业发展越集聚。但固定资产投资、政府财政支出与区域第二产业集聚发展的关联较小，q值分别为0.088、0.133，说明黄河流域甘肃段受黄河流域生态保护和高质量发展、国家供给侧改革的影响，已经开始走向去工业化及工业转型道路，固定资产投资和政府财政支出在第二产业的投入占比将下降。

在第三产业集聚发展方面，同样是第二产业占GDP比重、第三产业占GDP比重的q值显著且分别为0.476、0.928，即区域第二、第三产业产值的占比越高，第三产业集聚发展水平越高，政府财政支出对第三产业集聚发展的影响小且不显著，q值为0.097。综合以上结果及表7-2来看，大部分探测因子对第二产业集聚发展的影响大于第三产业。此外，区域第二、第三产业的集聚发展具有一定联系，符合第三产业伴随第二产业得以发展的产业关联规律，但第二、第三产业的集聚发展将有对第一产业集聚发展产生冲击的可能。

表7-2 城镇经济空间相关要素因子探测结果

影响因子	X_1	X_2	X_3	X_4	X_5	X_6	X_7	X_8	X_9
城镇竞争优势q值	0.455***	0.750***	0.304***	0.304***	0.298***	0.062	0.155	0.735***	0.038

续表

影响因子	X_1	X_2	X_3	X_4	X_5	X_6	X_7	X_8	X_9
第一产业集聚水平q值	0.445***	0.305***	0.446***	0.158**	0.953***	0.434***	0.207**	0.428***	0.069
第二产业集聚水平q值	0.264**	0.247*	0.470***	0.088	0.407***	0.951***	0.509***	0.259**	0.133
第三产业集聚水平q值	0.177	0.211	0.095	0.103	0.104	0.476***	0.928***	0.163	0.097

注　***、**、*分别表示在1%、5%和10%的水平下显著。

交互作用探测指识别因子与因子间的共同作用效果,即解释变量X_1与解释变量X_2共同作用于被解释变量Y时,解释力是增强还是减弱,亦或是这两个解释变量相互独立。假设定义解释力为q值,则两个解释变量对被解释变量的交互作用类型判别依据如下:当$q(X_1 \cap X_2) < \text{Min}[q(X_1), q(X_2)]$时,交互作用为非线性减弱;当$\text{Min}[q(X_1), q(X_2)] < q(X_1 \cap X_2) < \text{Max}[q(X_1), q(X_2)]$时,交互作用为线性减弱;当$q(X_1 \cap X_2) > \text{Max}[q(X_1), q(X_2)]$时,交互作用为双因子增强;当$q(X_1 \cap X_2) = q(X_1) + q(X_2)$时,交互作用为独立;当$q(X_1 \cap X_2) > q(X_1) + q(X_2)$时,交互作用为非线性增强。

研究选取各经济空间要素影响力最大且显著的解释变量进行交互探测,其中城镇竞争优势选取X_2、X_8,第一产业集聚水平选取X_3、X_5,第二、第三产业集聚水平均选取X_6、X_7,探测结果如表7-3所示。

表7-3　城镇经济空间相关要素主导因子与其他因子交互探测结果

城镇竞争优势(X_2、X_8)								
交互因子	作用值	交互因子	作用值	交互因子	作用值	交互因子	作用值
$X_2 \cap X_1$	0.883(b)	$X_2 \cap X_6$	0.931(a)	$X_8 \cap X_1$	0.923(b)	$X_8 \cap X_6$	0.797(b)
$X_2 \cap X_3$	0.874(b)	$X_2 \cap X_7$	0.946(a)	$X_8 \cap X_3$	0.873(b)	$X_8 \cap X_7$	0.952(a)
$X_2 \cap X_4$	0.776(b)	$X_2 \cap X_8$	0.767(b)	$X_8 \cap X_4$	0.777(b)	$X_8 \cap X_9$	0.844(a)
$X_2 \cap X_5$	0.861(b)	$X_2 \cap X_9$	0.995(a)	$X_8 \cap X_5$	0.830(b)		

续表

第一产业集聚水平（X_3、X_5）							
交互因子	作用值	交互因子	作用值	交互因子	作用值	交互因子	作用值
$X_3 \cap X_1$	0.604(b)	$X_3 \cap X_6$	0.693(b)	$X_5 \cap X_1$	0.973(b)	$X_5 \cap X_7$	0.970(b)
$X_3 \cap X_2$	0.624(b)	$X_3 \cap X_7$	0.727(a)	$X_5 \cap X_2$	0.965(b)	$X_5 \cap X_8$	0.966(b)
$X_3 \cap X_4$	0.670(a)	$X_3 \cap X_8$	0.647(b)	$X_5 \cap X_4$	0.966(b)	$X_5 \cap X_9$	0.968(b)
$X_3 \cap X_5$	0.961(b)	$X_3 \cap X_9$	0.667(a)	$X_5 \cap X_6$	0.968(b)		
第二产业集聚水平（X_6、X_7）							
交互因子	作用值	交互因子	作用值	交互因子	作用值	交互因子	作用值
$X_6 \cap X_1$	0.971(b)	$X_6 \cap X_5$	0.960(b)	$X_7 \cap X_1$	0.777(b)	$X_7 \cap X_5$	0.962(a)
$X_6 \cap X_2$	0.961(b)	$X_6 \cap X_7$	0.963(b)	$X_7 \cap X_2$	0.722(b)	$X_7 \cap X_8$	0.796(a)
$X_6 \cap X_3$	0.963(b)	$X_6 \cap X_8$	0.965(b)	$X_7 \cap X_3$	0.877(b)	$X_7 \cap X_9$	0.704(a)
$X_6 \cap X_4$	0.975(b)	$X_6 \cap X_9$	0.963(b)	$X_7 \cap X_4$	0.683(a)		
第三产业集聚水平（X_6、X_7）							
交互因子	作用值	交互因子	作用值	交互因子	作用值	交互因子	作用值
$X_6 \cap X_1$	0.748(a)	$X_6 \cap X_5$	0.903(a)	$X_7 \cap X_1$	0.952(b)	$X_7 \cap X_5$	0.958(b)
$X_6 \cap X_2$	0.691(b)	$X_6 \cap X_7$	0.945(b)	$X_7 \cap X_2$	0.937(b)	$X_7 \cap X_8$	0.942(b)
$X_6 \cap X_3$	0.688(a)	$X_6 \cap X_8$	0.704(a)	$X_7 \cap X_3$	0.964(b)	$X_7 \cap X_9$	0.950(b)
$X_6 \cap X_4$	0.704(a)	$X_6 \cap X_9$	0.594(b)	$X_7 \cap X_4$	0.955(b)		

注　括号中a指两因子交互作用结果为非线性增强，b指两因子交互作用结果为双因子增强。

结果显示，在所有要素的交互探测中，大部分因子间的交互作用类型均为双因子增强，交互作用影响力均大于0.5，表明多个解释变量的相互作用更利于提高区域城镇竞争优势和产业集聚水平。在城镇竞争优势方面，$X_2 \cap X_9$与$X_8 \cap X_7$均为非线性增强，交互作用值分别为0.995、0.952，表明城镇GDP总量与政府财政支出或者第三产业占GDP的比重与政府财政收入的提升,均能够很好地提高城镇在区域发展中的竞争力。

在第一产业集聚水平方面,整体上 X_3 与其他因子的交互作用大于 X_3,即第一产业占 GDP 的比重与其他因子的共同提升,更利于城镇第一产业集聚水平提升,其中 $X_5 \cap X_1$、$X_5 \cap X_7$ 之间的交互作用均为双因子增强,交互作用值分别为 0.973、0.970,表明第一产业占 GDP 的比重如果与城镇化率、第三产业占 GDP 的比重同时提升,更有助于城镇第一产业集聚发展,这与黄河流域甘肃段大部分城镇处于工业化初始阶段有关。但是 $X_3 \cap X_1$ 的交互作用值最小,为 0.604,即表明城镇化率与人均 GDP 的增长对于第一产业集聚发展的影响相对偏小。

在第二产业集聚水平方面,$X_6 \cap X_1$ 与 $X_6 \cap X_4$ 的交互作用均为双因子增强,作用值分别为 0.971、0.975,表明第二产业占 GDP 的比重与城镇化率、固定资产投资的共同提升将有助于第二产业的集聚发展,提升城镇第二产业发展优势,但 $X_7 \cap X_4$ 的交互作用值为 0.683,即表明固定资产投资与第三产业占 GDP 比重的提升,对于区域第二产业集聚发展的促进作用相对较小。

在第三产业集聚水平方面,$X_7 \cap X_3$ 与 $X_7 \cap X_5$ 的交互作用类型均为双因子增强,作用值分别为 0.964、0.958,即第三产业占 GDP 比重与人均 GDP、第一产业占 GDP 比重的共同作用对第三产业的集聚发展影响较大,这与黄河流域甘肃段旅游景点多为天然景观且多分布于农牧业较为发达的地区有关。

7.3 城镇发展态势影响因子探测

7.3.1 变量设计

地方城镇发展态势受多种因子驱动。根据已有研究,城镇发展综合水平变化受城镇化水平、经济实力、人民生活质量、开发建设、产业结构、政府活力等多个方面影响，研究结合县域和县城的差异性、数据指标的可获取性，分别选取10个变量作为影响县域、县城城镇发展综合水平的影响因子（表7-4）。面对这些因子的作用机制具有线性、非线性、循环累积、地方性等多种方式，研究在选择地理探测器进行影响因子探测时对不同发展状态的县级单元进行分类探测，具体包括全局、收缩型（$S<0$）、扩张型（$S>0$）3类，最后得出各个因子在城镇不同发展状态下的作用机制。

表7-4 县域、县城城镇发展综合水平影响因子

类别	县域指标	代码	县城指标	代码
城镇化水平	城镇化率的变化量	X_1	城镇人口数的变化量	X_1'
经济实力	GDP总量变化量	X_2	二三产业产值变化量	X_2'
人民生活	人均GDP变化量	X_3	城镇人口人均二三产业产值	X_3'
	人均可支配收入变化量	X_4	人均可支配收入变化量	X_4'
开发建设	县域常住人口人均城镇建设用地面积变化量	X_5	城镇人口人均城镇建设用地变化量	X_5'
	城镇建成区面积占人类活动实体地域比例的变化量	X_6	城镇建成区面积变化量	X_6'
	固定资产投资变化量	X_7	固定资产投资变化量	X_7'
产业结构	第一产业占GDP的比重	X_8	第二、第三产业产值占GDP比重	X_8'
政府活力	财政收入变化	X_9	财政收入变化	X_9'
	财政支出变化	X_{10}	财政支出变化	X_{10}'

7.3.2 县域城镇发展影响因子探测

县域尺度各影响因子的探测结果显示（表7-5），不同发展态势的

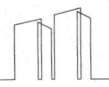

县域受各影响因子的作用效果不一样。从全局来看，X_2（0.251）和X_3（0.538）的变化对县域城镇发展水平的影响较大，X_1（0.125）的变化对县域城镇发展水平的影响虽然显著，但影响较小。从收缩型县域来看，X_7（0.385）、X_9（0.415）、X_{10}（0.365）的变化对收缩发展的县域影响较大。从扩张型县域来看，城镇发展水平主要受X_3（0.226）、X_7（0.324）的影响较大。综合以上分析表明，城镇社会经济发展水平、人民生活质量和政府开发建设力度的提升有利于黄河流域甘肃段县域城镇发展。

表7-5 县域城镇发展综合水平影响因子探测结果

影响因子	X_1	X_2	X_3	X_4	X_5	X_6	X_7	X_8	X_9	X_{10}
全局	0.125**	0.251***	0.538	0.224	0.046	0.084	0.247**	0.152*	0.132*	0.046
收缩	0.155	0.269	0.112	0.104	0.007	0.085	0.385	0.055	0.415	0.365
扩张	0.139	0.073	0.226*	0.122	0.167	0.097	0.324**	0.196*	0.119	0.107

注 ***、**、*分别表示在1%、5%和10%的水平下显著。

由于各个因子对城镇发展水平的影响并非单独作用，因此研究选取贡献值大于0.2的主导因子进行交互性探测（表7-6）。探测结果表明，从全局来看，X_3和X_7交互作用值（0.699）最大，二者相互作用更利于促进城镇发展水平的提升。从收缩型县域来看，X_2和X_{10}、X_9和X_{10}、X_2和X_7这3组因子的交互作用值分别为0.963、0.923、0.884，表明主导因子的交互作用更利于缓解县域城镇化发展的收缩态势。从扩张型县域来看，主导因子间的交互探测结果较收缩型县域更小，其中X_7和X_{10}的交互作用值（0.652）最大。综合表明县域各主导因子的交互作用规律为"收缩型县域＞扩张型县域"，即多个因子的共同作用更有利于县域收缩发展态势的好转。

表7-6 县域主导因子与其他因子的交互探测结果

全局（主导因子X_2、X_3、X_4、X_7）								
交互因子	作用值	交互因子	作用值	交互因子	作用值	交互因子	作用值
$X_2 \cap X_1$	0.526(a)	$X_2 \cap X_{10}$	0.417(a)	$X_3 \cap X_{10}$	0.680(a)	$X_7 \cap X_1$	0.383(b)
$X_2 \cap X_3$	0.618(b)	$X_3 \cap X_1$	0.662(b)	$X_4 \cap X_1$	0.399(a)	$X_7 \cap X_5$	0.392(a)
$X_2 \cap X_4$	0.408(b)	$X_3 \cap X_4$	0.642(b)	$X_4 \cap X_5$	0.305(a)	$X_7 \cap X_6$	0.333(b)
$X_2 \cap X_5$	0.373(a)	$X_3 \cap X_5$	0.671(a)	$X_4 \cap X_6$	0.341(a)	$X_7 \cap X_8$	0.429(a)
$X_2 \cap X_6$	0.343(b)	$X_3 \cap X_6$	0.616(b)	$X_4 \cap X_7$	0.520(a)	$X_7 \cap X_9$	0.441(a)
$X_2 \cap X_7$	0.596(b)	$X_3 \cap X_7$	0.699(b)	$X_4 \cap X_8$	0.439(a)	$X_7 \cap X_{10}$	0.472(a)
$X_2 \cap X_8$	0.363(b)	$X_3 \cap X_8$	0.658(b)	$X_4 \cap X_9$	0.333(b)		
$X_2 \cap X_9$	0.441(a)	$X_3 \cap X_9$	0.630(a)	$X_4 \cap X_{10}$	0.366(a)		

收缩（主导因子X_2、X_7、X_9、X_{10}）								
交互因子	作用值	交互因子	作用值	交互因子	作用值	交互因子	作用值
$X_2 \cap X_1$	0.556(a)	$X_2 \cap X_{10}$	0.963(a)	$X_7 \cap X_{10}$	0.786(b)	$X_{10} \cap X_1$	0.452(b)
$X_2 \cap X_3$	0.529(a)	$X_7 \cap X_1$	0.762(a)	$X_9 \cap X_1$	0.777(a)	$X_{10} \cap X_3$	0.540(b)
$X_2 \cap X_4$	0.416(b)	$X_7 \cap X_3$	0.565(b)	$X_9 \cap X_3$	0.616(b)	$X_{10} \cap X_4$	0.667(a)
$X_2 \cap X_5$	0.602(a)	$X_7 \cap X_4$	0.483(b)	$X_9 \cap X_4$	0.615(b)	$X_{10} \cap X_5$	0.620(a)
$X_2 \cap X_6$	0.384(b)	$X_7 \cap X_5$	0.454(b)	$X_9 \cap X_5$	0.630(a)	$X_{10} \cap X_6$	0.500(b)
$X_2 \cap X_7$	0.884(a)	$X_7 \cap X_6$	0.617(a)	$X_9 \cap X_6$	0.523(b)	$X_{10} \cap X_8$	0.800(a)
$X_2 \cap X_8$	0.547(a)	$X_7 \cap X_8$	0.811(a)	$X_9 \cap X_8$	0.484(b)		
$X_2 \cap X_9$	0.626(a)	$X_7 \cap X_9$	0.860(a)	$X_9 \cap X_{10}$	0.923(a)		

扩张（主导因子X_3、X_7）								
交互因子	作用值	交互因子	作用值	交互因子	作用值	交互因子	作用值
$X_3 \cap X_1$	0.430(a)	$X_3 \cap X_7$	0.486(b)	$X_7 \cap X_2$	0.521(a)	$X_7 \cap X_9$	0.482(a)
$X_3 \cap X_2$	0.338(a)	$X_3 \cap X_8$	0.417(b)	$X_7 \cap X_4$	0.452(b)	$X_7 \cap X_{10}$	0.652(a)
$X_3 \cap X_4$	0.399(a)	$X_3 \cap X_9$	0.363(b)	$X_7 \cap X_5$	0.549(b)		
$X_3 \cap X_5$	0.423(b)	$X_3 \cap X_{10}$	0.467(a)	$X_7 \cap X_6$	0.480(a)		
$X_3 \cap X_6$	0.372(a)	$X_7 \cap X_1$	0.520(a)	$X_7 \cap X_8$	0.503(b)		

注 括号中a指两因子交互作用结果为非线性增强，b指两因子交互作用结果为双因子增强。

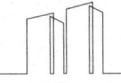

7.3.3 县城城镇发展影响因子探测

县城尺度各影响因子的探测结果显示（表7-7），从全局来看，X_2'（0.377）、X_3'（0.630）、X_8'（0.467）三者的变化对县城城镇发展水平具有显著影响，进一步证实县城城镇发展态势与产业结构联系密切。从收缩型县城来看，X_3'（0.439）对收缩型县城的作用效果更明显，表明县城城镇收缩发展多与去工业化、产业结构调整相关。从扩张型县城来看，县城城镇发展受X_3'（0.443）、X_7（0.237）、X_8'（0.367）、X_9（0.225）4个因子影响较大，与全局和收缩型县城不同的是，固定资产投资及政府财政收入是扩张型县城的主导因子。

表7-7 县城城镇发展综合水平影响因子探测结果

影响因子	X_1'	X_2'	X_3'	X_4	X_5'	X_6'	X_7	X_8'	X_9	X_{10}
全局	0.142	0.377***	0.630***	0.085	0.033	0.081	0.107	0.467***	0.080	0.053
收缩	0.014	0.422*	0.439*	0.044	0.104	0.174	0.093	0.259	0.038	0.150
扩张	0.152	0.067	0.443***	0.095	0.129	0.082	0.237*	0.367***	0.225*	0.152

注 ***、**、*分别表示在1%、5%和10%的水平下显著。

结合县城城镇发展的因子探测结果，得到县城城镇发展的主导因子与其他因子的交互探测结果（表7-8）。从全局来看，所有主导因子的交互作用值均超过0.5，其中X_3'与X_8'的交互作用值（0.803）最大，二者对县城城镇发展水平的交互作用效果最为显著。从收缩型县城来看，X_3'与X_8'的交互作用值（0.800）最大，因子探测结果与因子交互探测结果均表明产业结构的优化升级利于收缩型县城城镇水平的提升。从扩张型县城来看，X_3'与X_{10}的交互作用值（0.719）最大，存在13组因子交互作用值小于0.5，即表明扩张型县城受因子交互作用影响较收缩型县城更小。综合表明，各主导因子的交互作用规律为"收缩型县城＞扩张型县城"，即多个因子的共同作用同样有利于县城收缩发展态势的好转。

表7-8 县城主导因子与其他因子的交互探测结果

全局（主导因子X_2、X_3、X_8）							
交互因子	作用值	交互因子	作用值	交互因子	作用值	交互因子	作用值
$X_2' \cap X_1'$	0.517(b)	$X_2' \cap X_8'$	0.658(b)	$X_3' \cap X_6'$	0.678(b)	$X_8' \cap X_4'$	0.716(a)
$X_2' \cap X_3'$	0.708(a)	$X_2' \cap X_9'$	0.515(a)	$X_3' \cap X_7'$	0.690(b)	$X_8' \cap X_5'$	0.598(a)
$X_2' \cap X_4'$	0.608(a)	$X_2' \cap X_{10}'$	0.608(a)	$X_3' \cap X_8'$	0.803(b)	$X_8' \cap X_6'$	0.612(a)
$X_2' \cap X_5'$	0.678(a)	$X_3' \cap X_1'$	0.721(b)	$X_3' \cap X_9'$	0.705(b)	$X_8' \cap X_7'$	0.608(a)
$X_2' \cap X_6'$	0.529(a)	$X_3' \cap X_4'$	0.674(b)	$X_3' \cap X_{10}'$	0.799(b)	$X_8' \cap X_9'$	0.608(a)
$X_2' \cap X_7'$	0.513(a)	$X_3' \cap X_5'$	0.757(a)	$X_8' \cap X_1'$	0.702(a)	$X_8' \cap X_{10}'$	0.678(a)

收缩（主导因子X_2、X_3、X_8）							
交互因子	作用值	交互因子	作用值	交互因子	作用值	交互因子	作用值
$X_2' \cap X_1'$	0.567(a)	$X_2' \cap X_8'$	0.541(b)	$X_3' \cap X_6'$	0.731(a)	$X_8' \cap X_4'$	0.382(b)
$X_2' \cap X_3'$	0.736(b)	$X_2' \cap X_9'$	0.573(a)	$X_3' \cap X_7'$	0.659(a)	$X_8' \cap X_5'$	0.523(a)
$X_2' \cap X_4'$	0.554(a)	$X_2' \cap X_{10}'$	0.608(a)	$X_3' \cap X_8'$	0.800(a)	$X_8' \cap X_6'$	0.681(a)
$X_2' \cap X_5'$	0.522(b)	$X_3' \cap X_1'$	0.775(a)	$X_3' \cap X_9'$	0.655(a)	$X_8' \cap X_7'$	0.518(a)
$X_2' \cap X_6'$	0.781(a)	$X_3' \cap X_4'$	0.787(a)	$X_3' \cap X_{10}'$	0.746(a)	$X_8' \cap X_9'$	0.348(b)
$X_2' \cap X_7'$	0.454(b)	$X_3' \cap X_5'$	0.606(a)	$X_8' \cap X_1'$	0.372(a)	$X_8' \cap X_{10}'$	0.503(a)

扩张（主导因子X_3、X_7、X_2、X_9）							
交互因子	作用值	交互因子	作用值	交互因子	作用值	交互因子	作用值
$X_3' \cap X_1'$	0.545(b)	$X_3' \cap X_{10}'$	0.719(a)	$X_7' \cap X_{10}'$	0.475(a)	$X_9' \cap X_1'$	0.390(a)
$X_3' \cap X_2'$	0.496(b)	$X_7' \cap X_1'$	0.407(b)	$X_8' \cap X_1'$	0.591(a)	$X_9' \cap X_2'$	0.338(a)
$X_3' \cap X_4'$	0.492(b)	$X_7' \cap X_2'$	0.404(a)	$X_8' \cap X_2'$	0.461(b)	$X_9' \cap X_4'$	0.344(b)
$X_3' \cap X_5'$	0.618(a)	$X_7' \cap X_4'$	0.573(b)	$X_8' \cap X_4'$	0.654(b)	$X_9' \cap X_5'$	0.465(a)
$X_3' \cap X_6'$	0.515(b)	$X_7' \cap X_5'$	0.434(b)	$X_8' \cap X_5'$	0.568(b)	$X_9' \cap X_6'$	0.327(b)
$X_3' \cap X_7'$	0.543(b)	$X_7' \cap X_6'$	0.332(b)	$X_8' \cap X_6'$	0.531(b)	$X_9' \cap X_{10}'$	0.510(a)
$X_3' \cap X_8'$	0.672(b)	$X_7' \cap X_8'$	0.574(b)	$X_8' \cap X_9'$	0.571(b)		
$X_3' \cap X_9'$	0.580(b)	$X_7' \cap X_9'$	0.586(a)	$X_8' \cap X_{10}'$	0.711(a)		

注 括号中a指两因子交互作用结果为非线性增强，b指两因子交互作用结果为双因子增强。

7.4 经济空间要素演变规律性探讨

在判断研究区各城镇所处的工业化阶段的前提下，结合第3章、第4章各城镇经济空间要素的数值及相关结论，对不同工业化阶段城镇对应的各经济空间要素演变特征进行对比分析，以点带面完善城镇经济空间要素发展的规律性特征，实现研究理论意义升华。

7.4.1 区域各城镇工业化阶段特征

通过综合考察世界各国及我国的经济发展历程，可以利用第一、第二、第三产业产值比重判断城镇所处的工业化阶段，具体判断标准如表7-9所示。根据该标准，依据2021年甘肃省统计年鉴，得出黄河流域甘肃段9市州62区县的工业化阶段特征如表7-10所示。结果表明，在市州层面，黄河流域甘肃段仅兰州市处于工业化成熟阶段、庆阳市处于工业化加速阶段，其余市州均处于工业化初始阶段，整体上工业化程度较低。在区县尺度，考虑安宁区、七里河区虽然第三产业占比未达到70%却已接近70%，且安宁区、七里河区与城关区已达到极强经济联系水平，故也列为后工业化阶段城镇。最终得出工业化成熟阶段以上的城镇有城关区、七里河区、安宁区、白银区、秦州区、西峰区、临夏市、合作市。武威市、定西市、平凉市均无工业化成熟阶段的区县，而社会经济发展较为落后的临夏州、甘南州分别有临夏市、合作市两个县级市达到工业化成熟阶段及以上，表明前三个市州还没有能够带动区域经济增长的增长极，需通过对潜力区县提供优惠政策以培养增长极，减少劳动力外流；而后两个市州更容易通过临夏市、合作市吸引其资本、劳动力来促进局部地区经济发展，进而反哺其他区县经济发展。

表7-9 城镇工业化阶段判断标准

工业化阶段	产业产值比重特征
初始阶段	第一产业产值比重大于10%
加速阶段	第一产业产值比重小于10%，且第二产业产值比重大于第三产业
成熟阶段	第一产业产值比重小于5%，第二产业产值与第三产业比重相当
后工业化阶段	第一产业产值比重下降，且三产比重超过二产并达到70%以上

表7-10 黄河流域甘肃段各城镇所处城镇化阶段

市州名	工业化阶段			
	初始阶段	加速阶段	成熟阶段	后工业化阶段
兰州市（成熟阶段）	永登县、皋兰县	西固区、红古区、榆中县		城关区、七里河区、安宁区
白银市（初始阶段）	靖远县、会宁县、景泰县	平川区	白银区	
天水市（初始阶段）	麦积区、清水县、秦安县、甘谷县、武山县、张家川回族自治县		秦州区	
武威市（初始阶段）	凉州区、民勤县、古浪县、天祝县			
定西市（初始阶段）	安定区、通渭县、陇西县、渭源县、临洮县、漳县、岷县	华亭市		
平凉市（初始阶段）	崆峒区、泾川县、灵台县、崇信县、庄宁县、静宁县			
庆阳市（加速阶段）	庆阳县、环县、镇宁县、宁县、镇原县	华池县、合水县	西峰区	
临夏州（初始阶段）	临夏县、康乐县、永靖县、广河县、和政县、东乡族自治县、积石山县			临夏市
甘南州（初始阶段）	临潭县、卓尼县、舟曲县、迭部县、玛曲县、碌曲县、夏河县		合作市	

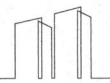

7.4.2 城镇经济空间要素演变的规律性探讨

通过对2020年的城镇竞争优势指数，第一、第二、第三产业区位商指数按区县对应的工业化阶段进行分类，然后对分类后的数据取均值，即可以均值代替对应城镇工业化阶段的城镇竞争优势水平与第一、第二、第三产业集聚水平，最终可视化得出城镇竞争优势与产业集聚水平在城镇发展历程中的规律特征，如图7-1所示。从城镇发展的工业化历程来看，处于工业化初始阶段的城镇，第一产业集聚水平更高，其次为第三产业，最后为第二产业，表明在工业化初期，以第一产业集聚发展为主，其次是为工业发展提供基础服务的第三产业，它们将为工业发展提供剩余农产品和服务，为产业结构变化做准备。处于工业化加速阶段的城镇，第二产业集聚水平迅速提升，第一产业集聚水平加速下降，第三产业集聚水平缓慢下降至与第一产业相当的水平，表明农业劳动力向工业转移，工业比重增加并向规模化发展。在工业化成熟阶段的城镇，第一产业与第二产业的集聚水平均发生下降，而第三产业集聚水平开始上升，即服务业的比重上升，但第二产业集聚水平依旧高于第三产业集聚水平，逐渐形成第二、第三、第一的产业结构。在后工业化阶段的城镇，第三产业集聚水平持续上升，而第一产业、第二产业集聚水平继续下降，最终形成第三、第二、第一的产业发展结构。

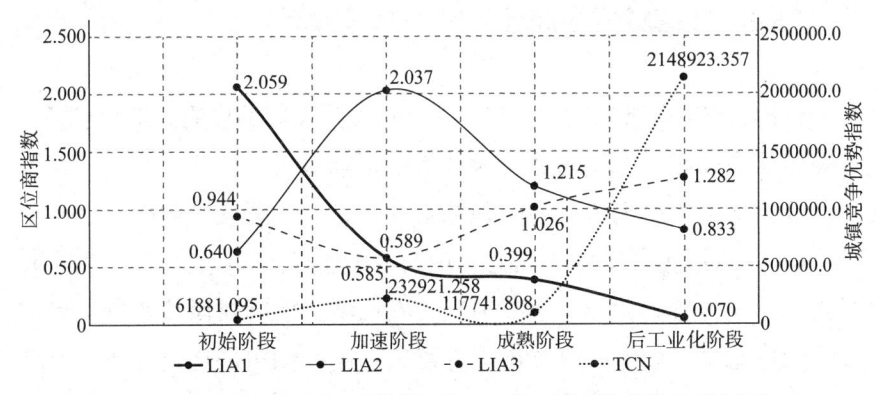

图7-1 城镇经济空间要素在城镇工业化历程中的规律性特征图

从单一城镇经济空间要素来看，随着工业化进程的推进，第一产业的集聚水平持续下降。第二产业集聚水平在初始阶段与加速阶段期间为上升趋势，由加速阶段到后工业化阶段的过程中为下降趋势。第三产业集聚水平在工业化初始阶段步入加速阶段的过程中，有所缓慢下降，在工业化加速阶段以后呈稳定上升趋势。在城镇竞争优势方面，分析发现并非随着工业化进程推进，城镇竞争优势就持续增强，当由工业化加速阶段步入工业化成熟阶段时，存在城镇竞争优势减弱的时期，因为该阶段正处在工业转型升级的过渡时期，部分劳动密集型和资金密集型工业也将走向去工业化道路，因此城镇会出现短暂的经济总量下降，进而导致城镇竞争优势下降，但步入工业化成熟阶段后，城镇竞争优势则呈快速上升态势。

7.5 本章小结

本章结合第3章、第4章、第6章的研究结果，对城镇经济空间要素的影响因子及随着工业化进程推进表现出的规律性特征进行了探讨，得出如下结论。

7.5.1 城镇经济空间要素因子探测方面

分析发现大部分影响因子对第二产业集聚发展的作用效果大于第三产业，其中GDP总量对城镇竞争优势的影响最大，对第一、第二、第三产业集聚发展影响最大的分别是第一、第二、第三产业产值占GDP的比重，表明产业在区域经济总量中的占比越高，产业发展越集聚。通过选取影响力较大的因子进行因子交互探测，发现在城镇竞争优势方面，GDP总量与政府财政支出或者第三产业占GDP的比重与政府财政收入的提升，均能够更好的提高城镇竞争优势。在第一、第二、第三产业的集聚发展方面，表现为对应产业占GDP的比重与城镇化率的综合提升，更利于产业集聚发展。此外，由交互探测结果可知，因黄河流域甘肃段特殊的自然资源禀赋和发展环境，第一产业与第三产业的集聚发展表现出密切的交互关系。

7.5.2 城镇发展收缩状态的影响因素方面

在对不同发展态势的城镇进行影响因子探测时，发现GDP总量、人均GDP和固定资产投资等反映社会经济发展水平、人民生活质量和政府开发建设力度的指标，有助于促进黄河流域甘肃段县域、县城城镇发展水平提升，表明地方发展活力、开发建设力度是促进县域、县城城镇发展的重要因子。在主导因子交互探测方面，县城各主导因子的交互作用规律与县域表现一致，均为"收缩型＞扩张型"，即多个因子的共同作用更利于县级单元收缩发展态势的好转。

7.5.3 规律性特征方面

分析发现产业集聚发展随着工业化进程的推进表现为明显的规律性特征，第一、第二、第三产业集聚发展历程形成了"一三二、二三一、三二一"的变化规律，与"配第－克拉克"定律中产业结构演进趋势"一二三、二三一、三二一"存在一定差异，这是因黄河流域甘肃段城镇化起步较晚，易通过自然景观、文化景观、农业景观提前吸引游客，发展旅游业与服务业，然后再寻求发展工业的社会经济发展路径相关，在甘南州、临夏州的体现尤为明显，此处的产业集聚发展历程可归纳为城镇因相较外部地区城镇化起步晚带来的第三产业集聚发展"提前效应"。区域城镇竞争优势变化规律打破了随着工业化进程推进，城镇竞争优势持续上升的固有思维，发现在由工业化加速阶段进入成熟阶段的过程中，存在城镇竞争优势减弱的阶段，这与国家政策导向密切相关，因为黄河流域甘肃段生态环境脆弱、人口承载力低，因此提前进入了工业化转型升级的过渡期及去工业化期，导致工业产值下降明显，城镇竞争优势随经济总量的下降而发生阶段性的下降，可归纳为随着工业化进程推进城镇竞争优势表现出的"过渡效应"。

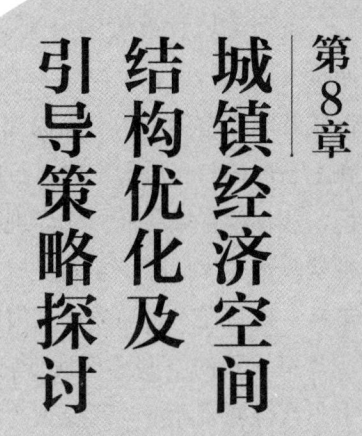

第8章 城镇经济空间结构优化及引导策略探讨

黄河流域甘肃段作为国家生态安全屏障区、重要水源涵养区、高质量发展先行区，9个市级单元及其下辖各县级单元的战略定位、城市性质及国土空间结构、格局如附表3所列，流域经济空间结构的优化需在生态保护和高质量发展并行的前提下优先强化黄河流域生态经济带建设，从甘肃省域层面形成促进流域生态经济一体化发展的顶层设计，分别从政策支撑保障、空间发展布局两个方面提出生态经济带建设的具体策略。接着在对黄河流域甘肃段城镇经济联系网络、城镇竞争优势、产业集聚水平的空间结构演变特征、重心点集迁移特征的已有分析基础上，结合城镇经济空间要素的影响因子及发展规律，提出黄河流域甘肃段城镇经济联系网络结构、城镇竞争优势结构、产业集聚水平结构的具体优化策略，策略框架如图8-1所示。

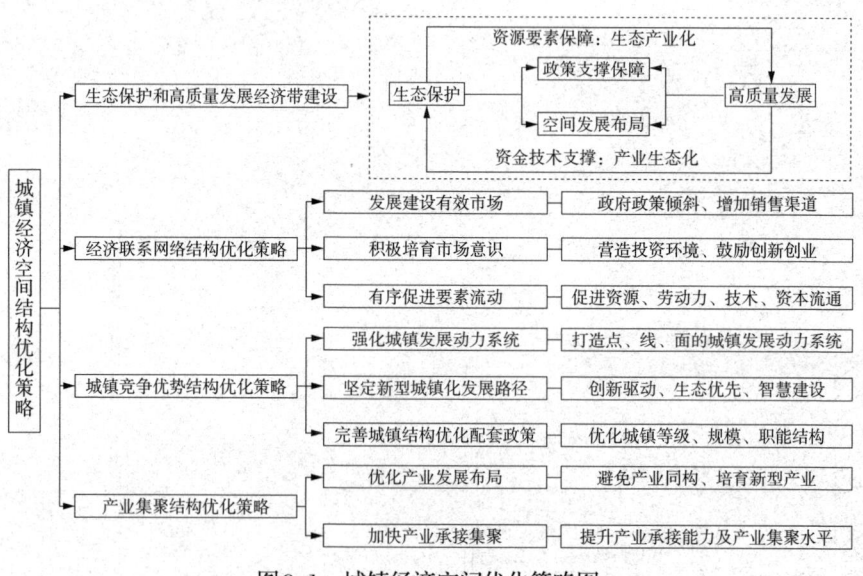

图8-1 城镇经济空间优化策略图

8.1 区域生态保护和高质量发展经济带建设

立足流域经济这一地域特征，坚持"以水定城、以水定地、以水定人、以水定产"的原则。在厘清生态保护与高质量发展的前提下，以系统工程、区域分类指导、一盘棋调控的思想进行黄河流域甘肃段生态经济带建设。具体从政策支撑保障和空间发展布局两个方面提出推动黄河流域甘肃段生态保护和高质量发展经济带建设的发展举措。

8.1.1 政策支撑保障

继2019年黄河流域生态保护和高质量发展上升为国家战略以来，甘肃省出台或印发了《甘肃省黄河流域生态保护和高质量发展规划》《甘肃省黄河流域环境保护与污染治理专项实施方案》《甘肃省"十四五"生态环境保护规划》《适用甘肃基本建设黄河流域生态保护和高质量发展先行区实施意见》《黄河流域生态保护协同机制研究》《甘肃省黄河流域水资源节约集约利用实施方案》等利于黄河流域甘肃段生态保护和高质量发展的政策文件与规划方案。以上均为省级层面出台的一系列统领性政策，还需制定有关市县在生态保护、高质量发展两个方面的协同、分工、合作政策，支撑流域生态经济带建设。

在生态保护方面，可将黄河流域甘肃段细分为甘南州、临夏州黄河上游水源涵养区；兰州市、白银市等形成的生态环境综合治理区；陇中、陇东黄土高原水土保持区，并编制出台有关区域污染物排放、生态建设、环境治理的规定或规划方案。在高质量发展方面，可将黄河流域甘肃段细分为甘南州、临夏州等高原农牧业区；兰州市、白银市、兰州新区高新产业区；陇中特色农业区；陇东能源化工区，并编制有关创新发展、协调发展、绿色发展、开放发展、共享发展、生态补偿、公共经济等方面的规定或规划方案。通过不同层级不同方面的政策支撑保障，使黄河流域甘肃段兼顾生态保护和高质量发展，破解生态保护制约经济发展或经济发展胁迫生态保护的关系，实现区域生态产业化和产业生态化发展。

8.1.2 空间发展布局

黄河流域甘肃段所辖9个市州在地理特征、发展水平等方面的内部差异性决定了区域生态保护和高质量发展在空间上合理布局的必要性。结合第2章黄河流域甘肃段的自然人文地理特征、经济产业发展状况、城镇基本发展态势等概况，按照分区分类原则，参照主体功能区规划划分理念，合理进行黄河流域甘肃段的生态保护和高质量发展布局，使二者相互促进，协同发展。

在生态保护方面，将甘南州、临夏州作为黄河上游的重点生态功能区，提升水源涵养功能、保护生物多样性、加强草原、湿地和流域生态治理，在生态脆弱地区通过生态移民减少人类活动对生态环境的破坏，打造省级生态保护与修复示范区、国家生态保护示范区。在兰州市、白银市等陇中地区受传统工矿企业的影响，应该列为生态综合治理区，推进黄河流域的农田、草原、森林、河流综合治理。在陇中、陇东黄土高原地区，应以防止水土流失、提高植被和森林覆盖率等方式提升综合治理水平，建立绿色生态开发基地。

在高质量发展方面，甘南州、临夏州等地发展绿色生态现代农牧业，发展循环农业，打造基于生态保护、依托高原风光的自然景观旅游区。在兰州市、白银市等陇中地区作为城市化发展区，流域经济增长的重心，在生态保护过程中不应以牺牲发展为代价，而应在发展中寻求保护。借助现有技术、经济基础，加快产业转型升级，发展附加值高、环境影响小的环保型、先进制造型产业。对于定西市、天水市等地区主要农产品主产区，发展牛羊等养殖业与玉米、土豆等种植业。在陇东平凉市、庆阳市等地区应提升石油化工产业的绿色化、生态化，同时利用风能、太阳能等可再生能源打造现代能源基地。

8.2 城镇经济联系网络结构优化策略探讨

区域城镇经济联系网络结构作为城镇经济规模、人口规模、城际距离的综合表现结果，同样因区域城镇间各生产要素流动的调配作用而实时发生改变，合理的调配机制将有利于解决城镇间生产要素流通不畅的问题，发挥城镇间各发展要素的比较优势并通过要素流通形成组合效应，进而达到优化城镇经济联系网络结构的目的。前文研究结果表明黄河流域甘肃段区县尺度城镇经济联系网络水平的提升速度快于市州，表明在区域经济联系网络结构的优化过程中，在城镇单元上需要采用"自下而上"的优化策略，先增强区县间的发展要素流动，再增强市州间的发展要素流通，进而实现区域经济联系网络结构的优化。

此外，研究考虑黄河流域甘肃段市场机制不健全且以行政边界为经济活动范围各自为政的思想意识强烈，区域各城镇因存在"跟风"现象导致了产业结构同质，不同城镇间并未形成特色产业体系。结合以上问题和目前的经济联系网络结构特征，亟须从建设有效市场、培育市场意识入手，促进资源、劳动力、资金、技术等生产要素在城镇间的流通。

8.2.1 发展建设有效市场

由于黄河流域甘肃段面临经济基础薄弱，外部市场不足等现实问题，需要先依靠政府政策倾斜提供发展机遇，再发挥市场机制的调节作用。"黄河流域生态保护与高质量发展""一带一路""西部大开发""乡村振兴""共同富裕"等国家政策，为区域高水平协调发展带来了时代契机，这些政策将有助于打开因地处我国西北内陆形成的闭塞市场，加强黄河流域甘肃段与"一带一路"相关地区的经济贸易往来。同时，通过区域内部的政策引导也能实现要素流动、边际产业转移、资源配置优化，进而促进区域协调发展。

在进行"有效市场"建设时，除了依托政府政策，还应当注重对黄河流域甘肃段农村劳动力的挖掘和现代物流技术的应用。其中随着区域农业规模化、现代化、机械化生产，农业生产率提高，将会继续产生农村剩余劳动力。引导当地劳动力人口向城市转移，将有利于创造区域就地城镇化的人口红利，为黄河流域甘肃段社会经济发展提供内生动力。此外，随着互联网等新的物流方式和销售方式兴起，将为甘南州、临夏州等具有民族特色和地区特色的产品提供物流销售渠道，为当地居民依靠网络物流平台进行就业创业提供机遇。

8.2.2 积极培育市场意识

由于黄河流域甘肃段整体上处于工业化初始阶段，大部分地区为农村地带，居民小农思想严重，且区域整体上社会经济联系网络化程度不高，市州尺度虽已形成初步的发展廊道，但甘南州和武威市与周围市州的经济联系强度仍显不足，并且区县尺度还处于"抱团取暖"阶段，系列现象表明区域需要培育市场意识，推动市州间政府、区县间政府合作，利用政府的调控作用引导地区资源合理高效配置、对生产主体进行有效管控，借助市场机制让地区资源有效配置。形成互帮互助的地区关系、政企关系、企企关系。一是要适当下放政府权力，尊重市场规律，通过营造良好的制度法律环境，公平解决企业与企业、政府与企业之间的利益问题。通过降低税收发挥地方政府放水养鱼的作用，形成良好的创业投资环境。二是政府要破除民间企业发展的障碍，通过财政支持鼓励大学生等青年才俊创业，使民间企业加强区域经济合作的同时，破除行政壁垒，进而实现政府层面的区域一体化发展。

8.2.3 有序促进要素流通

在社会经济发展的要素流通过程中，涉及资源、劳动力、技术、资本等多种要素。在资源要素流通方面，需依托黄河流域干流、主要支流

第 8 章
城镇经济空间结构优化及引导策略探讨

和重要的交通干线上的中心城市，借助其较好的区位条件和经济基础，吸收并利用周围城镇的农产品、矿产等原材料资源，并支付相应的报酬交换，进而带动周围城镇的社会经济发展，在此期间将有助于形成发展高效合理的区域经济联系网络结构。此外，考虑到河流或交通干线往往跨越行政界限形成交错分布的城镇格局，因此可以考虑利用线段特征，对河流或交通干线的上游（线）、中游（线）、下游（线）进行合理的城镇分工布局，建立起良好的分工合作关系，根据分工关系进行科学的要素流通集聚。

在劳动力流动方面，劳动力的流动正是实现劳动力高效配置的方式之一，劳动力流动往往以增加流入地区利益为主导。若进行合理引导，将能对劳动力流出地区产生增益，同样有助于区域经济联系网络结构的协调完善。即使早期以流入地区增益为主，若鼓励流出的劳动人口在学到知识技术、管理经验后回到流出地，他们也将提升发展基础薄弱城镇的产业发展能力，对劳动力流出的地区产生间接收益。因此在政策引导驱动下城镇间劳动力的流动最终将会提高黄河流域甘肃段的各个城镇的资源利用效率。

在资本流动方面，既要落实"强省会"战略，又要确保区域经济协调发展，就需要秉持"协调发展不等于均衡发展"的理念。吸纳我国中西部地区的资本向黄河流域甘肃段投资，而不是以减少兰州市经济发展为代价获得周边城镇单元的发展。通过提供减少税收、税收返还、资金补贴等优惠政策提升对外部资本的吸引力，进而促进区域老工业基地在新的资本技术驱动下顺利完成转型，同时使区域劳动密集型产业逐步转向技术密集型与资金密集型。

在技术流动方面，包括设备、产品等无意识的技术流动和管理体制、技能观念等有意识的技术转移。在进行区域各城镇技术流动调配时，需以对技术基础薄弱的城镇增加投入研发经费和提高人力资本水平为手段，促进这些城镇吸引技术流入，在引入其他地区技术的基础上进行技术本地化创新，最终形成自主的研发技术体系，提高自身生产力水平。此外，新兴技术的引入也有助于加快产业更替升级，实现产业结构优化。当然考虑黄河流域甘肃段自身技术发展基础薄弱的现实情况，还需以吸引区域外的技术流入为主导，再对流入的技术发展后进行二次流动，实现涓滴效益。

8.3 城镇竞争优势结构优化策略探讨

城镇竞争优势结构作为区域城镇经济竞争的综合表现，研究发现，在市州尺度，区域东部城镇竞争优势的提升明显快于北部和南部，城镇竞争优势结构重心整体上向西北迁移。区县尺度城镇竞争优势结构由单中心型向多中心型演变，城镇竞争优势呈现出"中部＞东部＞北部＞西南部"的分布格局，庆阳市、天水市、平凉市三个市下辖的区县形成的城镇竞争优势结构重心迁移轨迹是迂回的，将有助于形成更加稳定的城镇竞争优势结构重心。此外，在城镇竞争优势结构效能方面，平凉市的城镇竞争优势结构效益指数最高，甘南藏族自治州整体城镇竞争优势结构效益指数偏低。

综上主要研究结论和前述甘肃省新型城镇化发展要求，需要以区域城镇竞争优势结构演变特征、重心迁移轨迹、结构效能为依据，强化城镇发展的的动力系统、坚定新型城镇化路径、完善城镇结构优化的相关配套政策。

8.3.1 强化城镇发展动力系统

黄河流域甘肃段需结合甘肃省《中华人民共和国国民经济和社会发展第十四个五年规划和2035年远景目标纲要》《黄河流域生态保护和高质量发展规划纲要》科学制定有利于区域经济高质量发展的专题规划，以此对区域城镇竞争优势结构进行优化升级。同时，实现黄河流域甘肃段城镇协调发展离不开城镇发展动力系统的完善与强化，研究具体从"点、线、面"三个方面构建城镇发展的动力系统。从"点"上来看，首先培育区县尺度的社会经济增长中心，如城关区、白银区、秦城区、西峰区等，通过制定规划政策使这些重点区县吸引人才、技术、资金，强化"点"要素；在此基础上，重点培养兰州市、庆阳市、天水市、白银市四个社会经济发展较好的市州，以此形成地区内的局部增长中心，建立区域高质量发展动力源。从"线"上来看，着力完善黄河沿岸城镇带和陇东南城镇带，依托高效快捷的交通干线将区域城镇联系起来。从"面"上来看，通过促进重点城市、都市圈、城镇带的有机联动，建设"兰州—白银""平凉—庆阳"等多个城市组团，作为枢纽引领区域经济建设。最后结合黄河流域甘肃段自然资源丰富的特点，通过消除生产要素的壁垒，构建各类生产要素在不同区县的"流"环境，最终实现结点、流线稳固的区域城镇竞争优势结构。

8.3.2 坚定新型城镇化发展路径

为优化城镇竞争优势结构，需要通过走创新驱动、生态优先、智慧建设的新型城镇化路径为城镇结构优化注入动力。在创新驱动方面，一是借助兰州市高等教育资源，提升兰州市的自主科技创新能力，以科技支撑区域经济发展；二是提升平凉市、庆阳市的煤矿化工开采加工技术，进而实现工业转型升级，使其在区际、区内同类产业发展中具备技术竞争优势。在生态优先方面，黄河流域甘肃段因其独特的地理区位而面临严峻的生态环境压力，作为黄河上游的重要生态功能区，需要通过优化国土空间格局，加强生态文明建设，合理确定城镇经济发展类型，如将甘南州、临夏州生态功能重要的区县列为重点生态功能区，将兰州市、白银市城镇发展基础好的区县列为城市化发展区，最终实现生产空间集约高效、生活空间宜居适度、生态空间山清水秀。在智慧建设方面，兰州市、白银市作为住建部第二批智慧城市建设试点，应当依靠信息通信技术、互联网、物联网、人工智能等新技术加强新型基础设施建设，发展智慧的服务业、制造业、农牧业，并在此基础上发展数字产业，以数字经济推动区域城镇经济空间结构优化。

8.3.3 完善城镇结构优化配套政策

城镇竞争优势结构优化同样受到基于体量、数量、功能的城镇等级结构、规模结构、职能结构的综合影响。因此研究结合黄河流域甘肃段现状情况从城镇等级、规模、结构等方面进行政策引导。在城镇等级规模结构方面，需出台推动中心城市、重点城镇、一般城镇协调发展的相关政策。通过适当减缓人口流失，避免人口过度涌入兰州市这一中心城市，合理引导农村农业剩余人口向集镇、县城等中小城镇集聚，提升中小城镇的人口规模和集中度，以达到优化城镇等级规模结构的目的。在城镇职能结构方面，一是促进职能升级、复合化，建立职能高端的综合城镇；二是由甘肃省制定产业转移政策，鼓励城关区、七里河区、安宁区、华亭市等城市化发展水平较高的区县进行产业转移，将劳动密集型和资本密集型产业向周围区县转移，同时对具有潜力的区县打造产城融合示范区，提升产业集聚发展水平并提供更多的就业岗位，留住城镇流入的农业人口，使城镇职能结构与城镇等级规模结构相匹配，进而达到优化城镇经济空间结构的目的。此外，还需要通过完善城镇基础设施和公共服务设施等综合服务功能，进一步优化并巩固城镇经济空间结构。

8.4 城镇产业集聚结构优化策略探讨

根据前文对第一、第二、第三产业集聚结构的分析研究发现，在市州尺度，第一、第二、第三产业在城镇空间上的专业化分工较为明显，其中南部和北部第一产业更为集聚、中东部第二产业更为集聚、西南部第三产业更为集聚。第一产业集聚结构的重心迁移轨迹为曲折，第二、第三产业集聚结构的重心迁移轨迹为迂回。在产业集聚结构效能方面，平凉市不利于第一产业集聚发展，甘南州利于第一产业集聚发展，兰州市、白银市、天水市、庆阳市利于第二产业集聚发展，武威市、临夏州第二产业集聚结构不利于其第二产业集聚发展，庆阳市不利于第三产业集聚发展，而兰州市、天水市、甘南州、平凉市利于第三产业集聚发展。综上来看，需根据研究结果利用各城镇资源禀赋，进行区域产业专业化分工，优化产业发展布局，加快产业承接，实现区域产业的高质量发展。

8.4.1 优化产业发展布局

从第一、第二、第三产业的集聚格局演变特征和内在机理来看，整个区域第一产业集聚水平较高，且由于区域农业现代化水平较低，针对气候条件好的地区，固定资产投资有助于农业产业化发展。区域旅游餐饮、新兴科技产业等需要结合各市州的资源禀赋、技术经济水平进行培育建设。为避免产业同构化，需根据不同地区的产业集聚格局差异，发挥各城镇的比较优势，培养主导产业，通过升级主导产业形成高效完善的产业链。如对兰州市部分工业进行搬迁，以服务业、教育、新兴科技产业为重点进行打造；对甘南州、临夏州进行农业生产现代化、土地种植规模化、农民意识市民化升级，进而将"三农"问题转化为发展引擎；利用好白银市、庆阳市的第二产业基础，对区域的原材料产品进行加工升级，以此提升区域经济增长效率。

8.4.2 加快产业承接集聚

从研究结果来看，区域内仅兰州市产业集聚水平较高，其他市（州）产业集聚薄弱，需通过类似产业集聚发展实现产业间的优势互补。

在产业协同集聚方面。一是要根据区域的资源禀赋发展特色产业，并逐渐向低能耗、高效益服务型产业转型，如适应居民消费需求、发展生活性服务业，推动产业协同集聚发展和区域人民生活质量提升。二是注重产业体系的融合，加强产业间的协调关联，通过产业间的渗透互动，形成相关产业融合的横向产业链和供应、生产、销售各环节融合的纵向产业链，进而提升区域产业的综合实力与竞争力。

此外，无论黄河流域甘肃段内部还是与其他区域间，都应当做好产业承接准备。对外，需要利用并完善道路交通设施，在保证区域经济产业发展与生态环境平衡的情况下，承接外部区域因去工业化而留下的部分产业，增强区域自身发展能力。对内，兰州市、白银市、庆阳市均存在部分工业型区（县），同样面临国家供给侧改革、去工业化等带来的工业衰退、产业转移现象，区域内有条件地区同样需做好产业承接准备，着力发展新型制造业。

8.5 本章小结

本章在第3章至第5章研究的基础上，提出了黄河流域甘肃段生态经济带、城镇经济联系网络结构、城镇竞争优势结构、产业集聚水平结构的具体建设优化策略。具体得出如下4点结论。

8.5.1 在生态经济带建设方面

分别从生态保护和高质量发展两个层面提出政策支撑保障、空间发展布局两大具体策略。

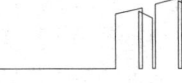

8.5.2 在城镇经济联系网络结构优化方面

需发展建设有效市场,通过市场进行要素分配;考虑黄河流域甘肃段信息闭塞,需积极培育市场意识,为企业发展建设创造环境条件;城镇联系网络结构是多种要素流动的共同作用结果,因此需有序促进资源、劳动力、资金、技术等要素的流动。

8.5.3 在城镇竞争优势结构优化方面

因为黄河流域甘肃段自身城镇发展动力不足,因此需要借助中心城市、发展廊道、都市圈强化城镇发展的动力系统;考虑区域自身生态环境、发展技术条件的限制条件,需坚定创新驱动、生态保护、智慧建设的新型城镇化道路;为进一步巩固和完善区域城镇经济空间结构,需从城镇的等级、规模、职能等方面进行政策引导。

8.5.4 在城镇产业集聚结构优化方面

结合第一、第二、第三产业集聚发展现状合理进行产业发展布局,以实现城镇间产业协同发展,形成产业发展链;因为随着城镇工业化进程的推进,必然会出现产业转移以及结构调整,因此需要提升区域各城镇的产业承接能力,促进产业集聚发展。

第 9 章 结语

9.1 主要结论

本书借助引力模型、区位商指数、重心轨迹模型、地理探测器对2000—2020年黄河流域甘肃段进行城镇经济空间结构演变研究,包含城镇经济联系网络结构、城镇竞争优势结构、产业集聚结构三个方面的分析研究。具体内容为演变特征探讨、重心迁移轨迹探讨、影响因子探测及规律性总结、优化策略分析四个方面,通过分析研究得出如下结论:

9.1.1 在城镇经济空间结构演变特征方面

在区域城镇经济联系网络结构上,市州尺度经历了"倒V型—北斗七星型—网络雏形"的空间结构演变过程,区县尺度经历了"单中心簇型—多中心簇型"演变的抱团取暖演变过程,区域经济联系网络水平整体仍较低。

在城镇竞争优势结构上,市州尺度经历了"单中心型结构(兰州市)—核心边缘型结构(兰州市及其相邻市州)"的演变过程;区县尺度经历了"单中心型结构—穿孔型结构"的演变过程。

在产业集聚结构上,第一产业集聚结构:市州尺度经历了"局部型结构—圈饼型结构"的演变过程,且这种结构逐步强化,区县尺度经历了"全局型结构—穿孔型结构"的演变过程;第二产业集聚结构:市州尺度经历了"穿孔型结构—局部型结构—穿孔型结构"演变过程,区县尺度为穿孔型结构,该结构逐步增强;第三产业集聚结构:市州尺度经历了"穿孔型结构—局部型结构"的演变过程,区县尺度经历了"穿孔型结构—局部型结构—穿孔型结构"的演变过程。

整体上看,区域第一产业集聚水平最高,其次为第二产业,最后为第三产业。其中大部分区县第一产业成片集聚,第二产业主要集中在兰州市、白银市、庆阳市的部分区县,第三产业主要集中在甘南州、临夏州的部分区县。对于区域产业的培育，应当结合各城镇的资源禀赋，顺应区县的现有产业集聚重心迁移态势，对第一产业集聚水平较高的城镇进行乡村旅游、农业产业化培育，对于第二产业集聚水平高的城镇，需在不破坏生态环境的条件下，注重产业转型发展，发展新兴科技产业。

9.1.2 在城镇经济空间要素重心迁移轨迹方面

在迁移轨迹方面，市州尺度城镇竞争优势结构重心迁移轨迹稳定，第一产业集聚结构重心迁移轨迹曲折，第二、第三产业集聚结构重心迁移轨迹均为迂回。区县尺度大部分市州下辖各区县间形成的城镇竞争优势结构重心迁移轨迹曲折，第一、第二产业集聚结构重心迁移轨迹主要以迂回为主，第三产业集聚结构重心迁移轨迹以曲折为主。

在迁移速度方面，各个时间段市州尺度城镇竞争优势结构、第一产业集聚结构、第三产业集聚结构重心点集迁移速度均为慢，第二产业集聚结构重心点集迁移速度均为中等或快。区县尺度城镇竞争优势结构重心点集的迁移速度整体为慢，第一、第三产业集聚结构重心点集迁移速度主要为慢与中等，第二产业集聚结构重心点集迁移速度以中和慢为主。

在迁移方向性方面，两个尺度的城镇竞争优势结构重心点集迁移方向主要为"东南—西北"方向。平凉市各区县形成的第一、第二、第三产业集聚发展结构与区域产业整体发展方向一致，而白银市、武威市第一、第二、第三产业发展势头与区域产业发展整体方向相背离。

9.1.3 在城镇经济空间结构效能探讨方面

区县和市州两个尺度的城镇竞争优势结构逐步演变为合理，在2020年均达到相对最优，而第一、第二、第三产业集聚结构却还有一定的优化提升空间。若对经济空间结构优化难度排序，市州尺度为：第一产业集聚结构＞第二产业集聚结构＞城镇竞争优势结构，第三产业集聚结构不作比较，区县尺度为：第三产业集聚结构＞第二产业集聚结构＞第一产业集聚结构＞城镇竞争优势结构。

9.1.4 不同经济要素的空间结构效能

结合中心地理论和DEA模型探讨不同经济要素的空间结构效能，发现不同研究尺度、不同经济空间要素的空间结构演化结果存在差异，其中市州区县两个尺度城镇竞争优势结构均是向最优空间结构演进，而第一、第二、第三产业集聚结构的演进没有明显的规律性，但大部分研究单元是向相对最优的产业集聚空间结构演进。

9.1.5 城镇发展收缩状态识别方面

黄河流域甘肃段西固区、白银区、麦积区等县级单元并不符合"工业主导地区常住人口上升城镇发展综合水平就处于上升状态"的逻辑，而是表现为收缩型发展态势。此外大多数县级单元发展态势良好，其中县域发生收缩的县级单元14个，县城发生收缩的县级单元共21个，大部分县城发生收缩与供给侧改革、去工业化相关。城镇发展收缩状态分类方面。县域尺度，绝对扩张型18个、相对扩张型30个、绝对收缩型4个、相对收缩型10个。县城尺度，绝对扩张型的县级单元40个、相对扩张型1个、绝对收缩型17个、相对收缩型4个。区域内绝对扩张型或绝对收缩型的县城数量均多于县域，各县城间城镇发展失衡，增减分化严重。

9.1.6 城镇经济空间要素

借助地理探测器对城镇经济空间要素进行因子探测，结果表明产业在区域经济总量中的占比越高，产业发展越集聚。在第一、第二、第三产业的集聚发展方面，表现为对应产业占GDP的比重与城镇化率的综合提升，更利于产业集聚发展。由交互探测结果可知，因黄河流域甘肃段特殊的发展条件和自然环境，第一产业与第三产业的集聚发展表现出密切的交互关系。

在城镇发展收缩状态的影响因素方面。在对不同发展态势的城镇进行影响因子探测时，发现GDP总量、人均GDP和固定资产投资等反映社会经济发展水平、人民生活质量和政府开发建设力度的指标，有助于促进黄河流域甘肃段县域、县城城镇发展水平提升，表明地方发展活力、开发建设力度是促进县域、县城城镇发展的重要因子。在主导因子交互探测方面，县城各主导因子的交互作用规律与县域表现一致，均为"收缩型＞扩张型"，即多个因子的共同作用更利于县级单元收缩发展态势的好转。

9.1.7 城镇经济空间要素随工业化进程推进表现出的规律性特征

发现产业集聚发展随着工业化进程的推进表现为明显的规律性特征，第一、第二、第三产业集聚发展历程形成了"一三二、二三一、三二一"的周期变化规律，与传统产业结构演进趋势"一二三、二三一、三二一"存在一定差异。区域城镇竞争优势变化规律打破了随着工业化进程推进，城镇竞争优势持续上升的固有思维，发现在由工业化加速阶段进入成熟阶段的过程中，存在城镇竞争优势减弱的阶段，这是因为黄河流域甘肃段生态环境脆弱、人口承载力低，因此提前进入了工业化转型升级的过渡期及去工业化期，导致工业产值下降明显，城镇竞争优势随经济总量的下降而发生阶段性的下降。

9.1.8 优化策略探讨

结合黄河流域甘肃段城镇经济空间结构现状特征，提出了黄河流域甘肃段生态经济带、城镇经济联系网络结构、城镇竞争优势结构、产业集聚水平结构的具体建设优化策略。具体得出如下几点结论：在生态经济带建设方面，从生态保护和高质量发展两个层面提出政策支撑保障、空间发展布局的生态经济带建设具体策略。

在城镇经济联系网络结构优化方面：发展建设有效市场，积极培育市场意识，有序促进资源、劳动力、资金、技术等要素的流动。在城镇竞争优势结构优化方面：强化城镇发展的动力系统，坚定创新驱动、生态保护、智慧建设的新型城镇化道路，从城镇的等级、规模、职能等方面进行政策引导。在城镇产业集聚结构优化方面：结合第一、第二、第三产业集聚发展现状合理进行产业发展布局，以实现城镇间产业协同发展，形成产业发展链，加快提升产业承接集聚能力。

9.2 有益贡献

从以往有关城镇空间结构演化的研究来看，研究对象主要为东部沿海城镇群发育较为成熟的地区，对西部地区城镇群关注较少，且西部地区多为单个城市（省会城市）的空间结构演变研究。研究尺度主要为市州尺度，对区县尺度研究较少，不同尺度的对比分析更显缺乏。研究思路多建立在传统基于城镇体量、数量、功能等方面进行规模、等级、职能结构的划分。研究方法多利用位序-规模法则、空间相关性等方法进行城镇结构划分并作因素探讨。

此外，现有关于城镇发展收缩状态的判断主要以人口数量的增减为依据，但由于不同国家或地区的人口统计口径方法不一、部分地区存在人口老龄化和少子化现象，导致使用"人口数量变化"衡量"城市发展收缩状况"存在有偏性和不确定性，因此需从更为综合的视角对城镇发展态势进行科学判别。基于以上的思考，研究从研究对象、研究思路、研究方法及规律性总结四个方面寻求一点突破。

9.2.1 研究视角方面

甘肃省地处黄河上游、生态环境脆弱、城镇发展质量偏低的特殊情况，加之其经济空间结构的完善程度将直接影响区域社会经济高质量发展，因此结合区域现实发展需求和黄河流域生态保护与高质量发展国家重大战略，研究从经济的视角将甘肃省与黄河流域一体化相结合，进行黄河流域甘肃段城镇经济空间结构演变研究，弥补了我国欠发达地区城镇经济空间结构演变相关研究的不足，同时也能为黄河流域其他区域社会经济一体化发展、空间结构优化提供思路。

9.2.2 研究思路方面

随着火车、飞机等交通设施及电话、互联网等通信设施的发展，使得基于等级、规模的静态城镇空间结构逐渐瓦解，城市间的密切合作和激烈竞争逐渐转向人口、经济、技术等方面各种流量的争夺。因此本书不再沿用基于城镇体量、数量、功能进行城镇规模、等级、职能结构划分的研究框架，而是从经济联系、产业集聚的角度探索空间结构演变特征，并进行多个尺度的对比分析。

9.2.3 研究方法方面

在进行城镇发展态势探索时，为从更切合实际、更加综合的视角判定城镇发展的收缩状态，本书从人类活动的实体地域出发，围绕人口、土地、经济3个新型城镇化的核心构成要素分别构建县域、县城的城镇发展评价指标。在此基础上，本着人口、土地、经济协调发展的城镇为良性发展态势的原则，作者认为城镇发展协调性下降的收缩城市自我调节能力差，收缩态势难以好转，收缩状态将维持一段时间，定义为"绝对收缩"；协调性上升的收缩城市具有自我调节能力，即研究时段内的收缩状态是相对暂时的，定义为"相对收缩"。同理，协调性上升的扩张城市将具备持续扩张能力，定义为"绝对扩张"；协调性下降的扩张城市将难以长期保持扩张态势发展，定义为"相对扩张"。根据以上分析构建了城镇发展状态判断的箱象限图方法。

9.2.4 经典理论延展

研究对区域的城镇竞争优势、产业集聚水平随着工业化进程推进所表现出的规律性特征进行了归纳总结，发现研究结论对经典理论赋予了新的内涵。因研究区自身特殊情况导致归纳特征与常规认知有所出入，但这正是对普适性规律的总结完善。具体发现两大规律：

一是随着工业化进程推进，第一、第二、第三产业集聚发展历程经历了"一三二、二三一、三二一"的变化规律，与传统产业结构演进趋势"一二三、二三一、三二一"存在一定差异，一定程度上回应了"配第—克拉克"定律。

二是区域城镇竞争优势变化规律打破了随着工业化进程推进，城镇竞争优势一定上升的固有思维，发现在由工业化加速阶段进入成熟阶段的过程中，存在城镇竞争优势减弱的阶段，这是因为当城镇进入了工业化转型升级的过渡期及去工业化期时，将导致工业产值下降，城镇竞争优势也随经济总量的下降而发生阶段性的下降。

第9章 结语

9.3 未来展望

本书在对以往文献及相关理论进行梳理的基础上，从市州和区县两个尺度对黄河流域甘肃段城镇经济空间结构的演变特征、重心迁移特征、影响因子探测、优化策略探讨进行了系统研究，初步达到了研究的预期目的，但由于个人知识储备以及黄河流域甘肃段自身发展的复杂性、研究数据等方面的限制，研究仍存在一些有待深入研究和进一步完善之处。

感谢编辑老师的归纳总结。

9.3.1 深化研究

针对黄河流域甘肃段城镇经济空间结构演变的研究内容，可以继续进行深化，如根据产业对生产要素需求的差异将第一、第二、第三产业进行再次分类细化，将第一产业中的农业、牧业分开统计；将第二产业分为劳动力密集型、技术密集型、资金密集型等类型；将第三产业分为生产性服务业、消费性服务业、公共服务业等类型。此外，还可以从土地利用结构、等级规模职能结构等视角对城镇空间结构继续进行研究，并在此基础上比较不同研究视角下结论的差异性，为选取城镇空间结构演变研究的最佳视角提供实证参考。若继续展开研究，可借助选取的最佳视角对多个不同社会经济发展水平的城镇群展开空间结构研究，或许有望得出城镇群空间结构合理性诊断和综合评估的一套标准。

9.3.2 精细数据

针对黄河流域甘肃段城镇经济空间结构的研究数据方面，本书所用数据主要为统计年鉴数据，存在时间截面较长、部分地区数据不连贯（如兰州新区）等问题，使得本研究相对借助新数据（手机信令数据、夜光影像数据、签到数据等）的研究而言，在研究精度、时效等方面都略微粗糙。因此针对城镇经济空间结构演变的研究，拟利用表征经济发展相关的新数据对城镇经济空间结构进行深入研究，进而更为准确地掌握区域城镇经济空间结构演变特征。

9.3.3 持续研究

结合本书关于城镇发展态势的研究及思考，认为以下3点值得继续关注：一是对于发达地区的县级单元，乡镇也具有大量建设用地，还需从建设用地的集中连片程度、规模等方面进一步进行城镇实体地域界定。二是本书为同一时间间隔下城镇收缩状态的分析，还需从时间序列上对多个时间截面城镇发展态势进行对比分析。三是可以针对不同主体功能定位、经济发展类型的县级单元进行城镇发展收缩状态的分类探讨。未来将围绕这3点内容对城镇收缩发展作进一步研究，通过对不同研究所得结论的总结归纳，更好地把握城镇收缩发展的规律特征。

参考文献

[1] 习近平. 推动形成优势互补高质量发展的区域经济布局[J]. 中国环境监察, 2019, 47(12): 6-9.

[2] 习近平. 在黄河流域生态保护和高质量发展座谈会上的讲话[J]. 求是, 2019(20): 4-11.

[3] 方创琳. 黄河流域城市群形成发育的空间组织格局与高质量发展[J]. 经济地理, 2020, 40(6): 1-8.

[4] 顾朝林. 城市群研究进展与展望[J]. 地理研究, 2011, 30(5): 771-784.

[5] 吴志强, 李德华. 城市规划原理[M]. 4版. 北京: 中国建筑工业出版社, 2010.

[6] 许学强, 周一星, 宁越敏. 城市地理学[M]. 北京: 高等教育出版社, 2009.

[7] 魏守华. 长三角城市群均衡发展研究[M]. 北京: 经济科学出版社, 2016.

[8] 方创琳, 等. 中国城市群发展空间格局优化理论与方法[M]. 北京: 科学出版社, 2016.

[9] Burger M J, Meijers E J. Agglomerations and the rise of urban network externalities[J]. Papers in Regional Science, 2016, 95(1): 5-15.

[10] Howard E. Garden cities of tomorrow[M]. London, UK: Faber, 1946.

[11] Frideman J R. The world city hypothesis: development and change[J]. Urban Studies, 1986, 23(2): 59-137.

[12] Gottmann J. Megalopolis or the urbanization of the northeastern seaboard[J]. Economic geography, 1957, 33(3): 189-200.

[13] Global city-regions: trends, theory, policy[M]. OUP Oxford, 2001.

[14] Sassen S. The global city: Enabling economic intermediation and bearing its costs[J]. City & Community, 2016, 15(2): 97-108.

[15] Sassen S. The global city: New york, london, tokyo[M]. New Jersey: Princeton University Press, 2013.

[16] Fang C, Yu D. Urban agglomeration: An evolving concept of an emerging phenomenon[J]. Landscape and urban planning, 2017, 162: 126–136.

[17] Bourne L S, Simmons J W, Bourne L S. Systems of Cities: readings on structure, growth and policy[M]. Oxford: Oxford University Press, 1978.

[18] The polycentric metropolis: Learning from mega-city regions in Europe[M]. London: Routledge, 2006.

[19] Neal Z. Structural determinism in the interlocking world city network[J]. Geographical Analysis, 2012, 44(2): 162–170.

[20] Globalization: Theory and practice[M]. London: A&C Black, 2008.

[21] Friedmann J. Where we stand: a decade of world city research[J]. World cities in a world-system, 1995: 21–47.

[22] Friedmann J, Wolff G. World city formation: an agenda for research and action[J]. International journal of urban and regional research, 1982, 6(3): 309–344.

[23] Getis A, Getis J. Christaller's central place theory[J]. Journal of Geography, 1966, 65(5): 220–226.

[24] Dacey M F. The geometry of central place theory[J]. Geografiska Annaler: Series B, Human Geography, 1965, 47(2): 111–124.

[25] Rösslør M. Applied geography and area research in Nazi Society; central place theory and planning, 1933 to 1945[J]. Environment and Planning D: Society and Space, 1989, 7(4): 419–431.

[26] Christaller W. Die zentralen Orte in Süddeutschland: eine ökonomisch-geographische Untersuchung über die Gesetzmässigkeit der Verbreitung und Entwicklung der Siedlungen mit städtischen Funktionen[M].

Darmstadt: Wissenschaftliche Buchgesellschaft, 1980.

[27] Christaller W. Die zentralen Orte in Süddeutschland: eine ökonomisch-geographische Untersuchung über die Gesetzmässigkeit der Verbreitung und Entwicklung der Siedlungen mit städtischen Funktionen[M]. California: Wissenschaftliche Buchgesellschaft, 1980.

[28] Friedmann J. Urbanization, planning, and national development[M]. California: Sage Publications, 1973.

[29] Neuman, Michael, and Angela Hull, eds. The futures of the city region[M]. London: Routledge, 2013.

[30] Tobler W. On the first law of geography: A reply[J]. Annals of the association of American geographers, 2004, 94(2): 304-310.

[31] Miller H J. Tobler's first law and spatial analysis[J]. Annals of the association of American geographers, 2004, 94(2): 284-289.

[32] Batten D F. Network cities: creative urban agglomerations for the 21st century[J]. Urban studies, 1995, 32(2): 313-327.

[33] Camagni R P, Salone C. Network urban structures in northern Italy: elements for a theoretical framework[J]. Urban studies, 1993, 30(6): 1053-1064.

[34] Neal Z. Brute force and sorting processes: two perspectives on world city network formation[J]. Urban Studies, 2013, 50(6): 1277-1291.

[35] Taylor P J, Catalano G, Walker D R F. Measurement of the world city network[J]. Urban studies, 2002, 39(13): 2367-2376.

[36] Derudder, Witlox, Catalano. Hierarchical tendencies and regional patterns in the world city network: a global urban analysis of 234 cities[J]. Regional Studies, 2003, 37(9): 875-886.

[37] Taylor P J, Ni P, Derudder B, et al. Global urban analysis: A survey of cities in globalization[M]. London: Routledge, 2012.

[38] Taylor P J, Derudder B. World city network: a global urban analysis[M].

London: Psychology Press, 2004.

[39] Derudder B, Taylor P J. Central flow theory: Comparative connectivities in the world-city network[J]. Regional Studies, 2018, 52(8): 1029–1040.

[40] Taylor P J, Hoyler M, Verbruggen R. External urban relational process: introducing central flow theory to complement central place theory[J]. Urban studies, 2010, 47(13): 2803–2818.

[41] Van Oort F, Burger M, Raspe O. On the economic foundation of the urban network paradigm: Spatial integration, functional integration and economic complementarities within the Dutch Randstad[J]. Urban Studies, 2010, 47(4): 725–748.

[42] Anderson J E. The gravity model[J]. Annu. Rev. Econ., 2011, 3(1): 133–160.

[43] Mátyás L. Proper econometric specification of the gravity model[J]. The world economy, 1997, 20(3): 363–368.

[44] Alderson A S, Beckfield J. Power and position in the world city system[J]. American Journal of sociology, 2004, 109(4): 811–851.

[45] Sigler T J, Martinus K. Extending beyond 'world cities' in World City Network (WCN) research: Urban positionality and economic linkages through the Australia-based corporate network[J]. Environment and Planning A: Economy and Space, 2017, 49(12): 2916–2937.

[46] Martinus K, Sigler T J. Global city clusters: Theorizing spatial and non-spatial proximity in inter-urban firm networks[J]. Regional studies, 2018, 52(8): 1041–1052.

[47] Geddes P. Cities in evolution: an introduction to the town planning movement and to the study of civics[M]. London: Williams, 1915.

[48] Hoover E M. Location theory and the shoe leather industries[M]. Massachusetts: Harvard University Press, 1937.

[49] Friedman J. A general theory of po-larized development[J].Los

Angeles. UCLA Press, 1969.

[50] Hall, Peter Geoffrey, and Kathy Pain, eds. The polycentric metropolis: Learning from mega-city regions in Europe[M]. London: Routledge, 2006.

[51] Lee B, Gordon P. Urban spatial structure and economic growth in US metropolitan areas[C]//46th annual meetings of the western regional science association, at Newport Beach, CA. 2007.

[52] Garcia-López M À, Muñiz I. Urban spatial structure, agglomeration economies, and economic growth in Barcelona: An intra-metropolitan perspective[J]. Papers in Regional Science, 2013, 92(3): 515-534.

[53] Meijers E J, Burger M J. Spatial structure and productivity in US metropolitan areas[J]. Environment and planning A, 2010, 42(6): 1383-1402.

[54] Parr J B. The regional economy, spatial structure and regional urban systems[J]. Regional studies, 2014, 48(12): 1926-1938.

[55] Dadashpoor H, Yousefi Z. Centralization or decentralization? A review on the effects of information and communication technology on urban spatial structure[J]. Cities, 2018, 78: 194-205.

[56] Salvati L, Venanzoni G, Serra P, et al. Scattered or polycentric? Untangling urban growth in three southern European metropolitan regions through exploratory spatial data analysis[J]. The Annals of Regional Science, 2016, 57: 1-29.

[57] S Sarkar A, Chouhan P. Modeling spatial determinants of urban expansion of Siliguri a metropolitan city of India using logistic regression[J]. Modeling Earth Systems and Environment, 2020, 6(4): 2317-2331.

[58] 于洪俊,宁越敏. 城市地理概论[M]. 合肥:安徽人民出版社,1983.

[59] 姚士谋.《中国城市群》[M]. 合肥:中国科学技术大学出版社,1992.

[60] 姚士谋,王书国,陈爽,等.区域发展中"城市群现象"的空间系统探索[J].经济地理,2006(5):726-730.

[61] 陆大道.论区域的最佳结构与最佳发展——提出"点—轴系统"和"T"型结构以来的回顾与再分析[J].地理学报,2001,56(2):127-135.

[62] 陆大道.关于"点—轴"空间结构系统的形成机理分析[J].地理科学,2002,22(1):1-6.

[63] 陆玉麒.区域发展中的空间结构研究[M].南京:南京师范大学出版社,1998.

[64] 方创琳,等.中国城市群发展空间格局优化理论与方法[M].北京:科学出版社,2016.

[65] 陆铭,高虹,佐藤宏.城市规模与包容性就业[J].中国社会科学,2012,202(10):47-66,206.

[66] 孙铁山.中国三大城市群集聚空间结构演化与地区经济增长[J].经济地理,2016,36(5):63-70.

[67] 邹晨,欧向军,孙丹.长江三角洲城市群经济联系的空间结构演化分析[J].资源开发与市场,2018,34(1):47-53.

[68] 于丙辰,刘玉轩,陈刚.基于夜光遥感与POI数据空间耦合关系的南海港口城市空间结构研究[J].地球信息科学学报,2018,20(6):854-861.

[69] 范擎宇,杨山.协调视角下长三角城市群的空间结构演变与优化[J].自然资源学报,2019,34(8):1581-1592.

[70] 程钦良,张亚凡,宋彦玲.兰西城市群空间结构演变及优化研究[J].地域研究与开发,2020,39(2):52-57.

[71] 孙东琪,陆大道,孙斌栋,等.从网络描述走向网络绩效——"城市网络外部性"专辑序言[J].地理研究,2022,41(9):2325-2329.

[72] 安頔,胡映洁,万勇.中国城市网络关联与经济增长溢出效应——基于大数据与网络分析方法的研究[J].地理研究,2022,41(9):2465-2481.

[73] 戴靓,刘承良,王嵩,等.长三角城市科研合作的邻近性与自组织性[J].地理研究,2022,41(9):2499-2515.

[74] 丁亮,徐志乾,章俊屾,等.长三角城市网络外部性的空间异质性[J].地理研究,2022,41(9):2433-2447.

[75] 丁志伟,马芳芳,张改素.基于抖音粉丝量的中国城市网络关注度空间差异及其影响因素[J].地理研究,2022,41(9):2548-2567.

[76] 孙铁山,张洪鸣,李佳洺.城市网络联系对城市群空间体系集聚水平的影响——基于2003—2018年中国12个城市群面板数据的实证[J].地理研究,2022,41(9):2350-2366.

[77] 谭爽,魏冶,李晓玲,等.不同邻近性视角下城市网络外部性、集聚外部性对城市经济的影响——以辽宁省城市网络为例[J].地理研究,2022,41(9):2404-2417.

[78] 王艺晓,孙斌栋,张婷麟.中国城市群城市生产性服务功能与地理距离:网络外部性的视角[J].地理研究,2022,41(9):2418-2432.

[79] 王逸飞,张维阳.中国城市链接国内国际双循环的职能分异:基于中资企业海内外扩展的视角[J].地理研究,2022,41(9):2448-2464.

[80] 姚常成,吴康.集聚外部性、网络外部性与城市创新发展[J].地理研究,2022,41(9):2330-2349.

[81] 张旭,孙传祥.基于环境污染型企业的中国城市网络空间结构研究[J].地理研究,2022,41(9):2516-2530.

[82] 赵渺希,王彦开,胡雨珂,等.广佛都市圈网络外部性的城镇借用规模绩效检验[J].地理研究,2022,41(9):2367-2384.

[83] 于涛方,甄峰,吴泓.长江经济带区域结构:"核心—边缘"视角[J].城市规划学刊,2007(3):41-48.

[84] 崔功豪,魏清泉,刘科伟.区域分析与区域规划[M].2版.北京:高等教育出版社,2006.

[85] 李小健.经济地理学[M].2版.北京:高等教育出版社,2007.

[86] 杨永春,穆焱杰,张薇.黄河流域高质量发展的基本条件与核心策略

[J].资源科学,2020,42(3):409-423.

[87] 陆荫,张强,李晓红,等.黄河流域甘肃段植被覆盖度时空变化及对气候因子的响应[J].水土保持通报,2020,40(2):232-238.

[88] 宁雷,连华,牛月,等.城镇发展的收缩状态识别、分类及因素探讨——以黄河流域甘肃段为例[J].干旱区地理,2023,46(3):492-504.

[89] Li Ruren and Li Shoujia and Xie Zhiwei. Integration Development of Urban Agglomeration in Central Liaoning, China, by Trajectory Gravity Model[J]. ISPRS International Journal of Geo-Information, 2021, 10(10) : 698–698.

[90] 顾朝林,庞海峰.基于重力模型的中国城市体系空间联系与层域划分[J].地理研究,2008(1):1-12.

[91] Wu Guancen et al. Analysis on the Housing Price Relationship Network of Large and Medium-Sized Cities in China Based on Gravity Model[J]. Sustainability, 2021, 13(7) : 4071–4071.

[92] Zhao Y, Zhang G, Zhao H. Spatial network structures of urban agglomeration based on the improved Gravity Model: A case study in China's two urban agglomerations[J]. Complexity, 2021, 2021: 1–17.

[93] 许静涵,林礼娜,武义天,等.基于引力模型和聚类分析的城市群经济结构研究——以长三角23市为例[J].浙江金融,2021(2):64-74,63.

[94] 盛彦文,苟倩,宋金平.城市群创新联系网络结构与创新效率研究——以京津冀、长三角、珠三角城市群为例[J].地理科学,2020,40(11):1831-1839.

[95] 李秀彬.地区发展均衡性的可视化测度[J].地理科学,1999(3):63-66.

[96] 王伟.中国三大城市群空间结构及其集合能效研究[D].上海:同济大学,2008.

[97] 卢世俊.乌鲁木齐城市空间扩展特征及驱动机制[J].武汉大学学报(信息科学版),2022,47(7):1025-1034.

[98] 耿甜伟. 西安市城市扩展时空特征、空间分异及其动力机制研究 [D]. 西安:西安外国语大学,2017.

[99] Charnes A, Cooper W W Rhodes E L. Measuring the efficiency of decision making units[J]. European Journal of Operational Research, 1978, 2(6): 429-444.

[100] 郭京福,杨德礼. 数据包络分析方法综述 [J]. 大连理工大学学报,1998(2):116-121.

[101] 杨国梁,刘文斌,郑海军. 数据包络分析方法(DEA)综述 [J]. 系统工程学报,2013,28(6):840-860.

[102] 魏权龄. 评价相对有效性的 DEA 方法运筹学的一个新的研究领域 [M]. 北京:中国人民大学出版社,1988.

[103] Banker R D, Morey C. Efficiency analysis for exogenously fixed inputs and outputs[J]. OperRes, 1986, 34(4): 513-521.

[104] Banker R D, Charnes A, Cooper W W. Some models for estimating technical and scale inefficiencies in data envelopment analysis[J]. Management Science, 1984, 30(9): 1078-1092.

[105] 张贞冰,陈银蓉,赵亮,王婧. 基于中心地理论的中国城市群空间自组织演化解析 [J]. 经济地理,2014,34(7):44-51.

[106] 张婷麟. 多中心城市空间结构的经济绩效研究 [D]. 上海:华东师范大学,2019.

[107] 李美琦. 中国三大城市群空间结构演变研究 [D]. 长春:吉林大学,2018.

[108] Salvati L, Venanzoni G, Serra P, et al. Scattered or polycentric? Untangling urban growth in three southern European metropolitan regions through exploratory spatial data analysis[J]. The Annals of Regional Science, 2016, 57: 1-29.

[109] Sarkar A, Chouhan P. Modeling spatial determinants of urban expansion of Siliguri a metropolitan city of India using logistic

regression[J]. Modeling Earth Systems and Environment, 2020, 6(4): 2317-2331.

[110] 张京祥,等. 国土空间规划原理[M]. 南京:东南大学出版社,2021.

[111] 孟祥凤,马爽,项雯怡,等. 基于百度慧眼的中国收缩城市分类研究[J]. 地理学报,2021,76(10):2477-2488.

[112] 韩建民,牟杨. 黄河流域生态环境协同治理研究——以甘肃段为例[J]. 甘肃行政学院学报,2021(2):112-123,128.

[113] 张存刚,郭心怡. 甘肃沿黄生态经济带建设研究[J]. 开发研究,2022(4):103-112.

[114] 陈耀,张可云,陈晓东,等. 黄河流域生态保护和高质量发展[J]. 区域经济评论,2020(1):8-22.

[115] 张存刚,马明玉. 甘肃黄河生态经济带:内涵及构建[J]. 社科纵横,2022,37(3):58-64.

[116] 韩君,韦楠楠,颜小凤. 黄河流域生态保护和高质量发展的协同性测度[J]. 兰州财经大学学报,2022,38(1):45-59.

[117] 赵德昭,许家伟. 河南省县域就地城镇化时空演变与影响机理研究[J]. 地理研究,2021,40(7):1978-1992.

[118] 任志安,郭枫玥. 就业结构、产业结构与就地城镇化[J]. 城市学刊,2017,38(1):1-11.

[119] 石建勋,邓嘉纬,辛沛远. 以县城为重要载体推动新型城镇现代化建设的内涵、特点、价值意蕴及实施路径[J]. 新疆师范大学学报(哲学社会科学版),2022,43(5):1-10.

[120] 张凤林. 全面推进乡村振兴背景下县域经济高质量发展研究[J]. 理论探讨,2022,39(3):167-172.

[121] 尹君锋,石培基,张韦萍,等. 乡村振兴背景下县域农业农村创新发展评价及空间格局——以甘肃省为例[J]. 自然资源学报,2022,37(2):291-306.

[122] Albecker M F, Fol S. The restructuring of declining suburbs in the

paris region. shrinking cities: International perspectives and policy implications[C]//Pallagst K, Wiechmann T, Fernandez C M. Shrinking cities. London: Routledge, 2014: 78-98.

[123] 徐博, 庞德良. 增长与衰退：国际城市收缩问题研究及对中国的启示[J]. 经济学家, 2014, 34(4): 5-13.

[124] 刘合林. 收缩城市量化计算方法进展[J]. 现代城市研究, 2016, 37(2): 17-22.

[125] Häußermann H, Siebel W. Die schrumpfende stadt und die stadtsoziologie[J]. Kölner Zietschrift für Soziologie und Sozialpsychologie, 1988, 29: 78-94.

[126] Wiechmann T. Errors expected-aligning urban strategy with demographic uncertainty in shrinking cities[J]. International Planning Studies, 2008, 13(4): 431-446.

[127] 李郇, 杜志威, 李先锋. 珠江三角洲城镇收缩的空间分布与机制[J]. 现代城市研究, 2015, 36(9): 36-43.

[128] 龙瀛, 吴康, 王江浩. 中国收缩城市及其研究框架[J]. 现代城市研究, 2015, 36(9): 14-19.

[129] Lange D A. Polluted and dangerous: America's worst abandoned properties and what can be done about them[J]. Journal of the American Planning Association, 2009, 75(4): 498-499.

[130] Pallagst K. The interdependence of shrinking and growing: Processes of urban transformation in the US in the rust belt and beyond[C]//Pallagst K, Wiechmann T, Martinez-Fernandez C. Shrinking cities: International Perspectives and Policy Implications. London: Routledge, 2014: 59-93.

[131] 张京祥, 冯灿芳, 陈浩. 城市收缩的国际研究与中国本土化探索[J]. 国际城市规划, 2017, 32(5): 1-9.

[132] 李智, 龙瀛. 基于动态街景图片识别的收缩城市街道空间品质变化

分析：以齐齐哈尔为例[J]. 城市建筑,2018,15(6):21-25.

[133] 吴康,戚伟. 收缩型城市：认知误区、统计甄别与测算反思[J]. 地理研究,2021,40(1):213-229.

[134] 陆荫,张强,李晓红,等. 黄河流域甘肃段植被覆盖度时空变化及对气候因子的响应[J]. 水土保持通报,2020,40(2):232-238.

[135] 范擎宇. 协调视角下长三角城市群空间结构演变及机理研究[D]. 南京：南京师范大学,2020.

[136] 曹文莉,张小林,潘义勇,等. 发达地区人口、土地与经济城镇化协调发展度研究[J]. 中国人口·资源与环境,2012,22(2):141-146.

[137] 贺三维,邵玺. 京津冀地区人口—土地—经济城镇化空间集聚及耦合协调发展研究[J]. 经济地理,2018,38(1):95-102.

[138] 麻学锋,吕逸翔. 张家界城镇居民幸福水平对旅游城镇化集聚的响应识别及测度[J]. 自然资源学报,2020,35(7):1647-1658.

[139] 孟祥凤,马爽,项雯怡,等. 基于百度慧眼的中国收缩城市分类研究[J]. 地理学报,2021,76(10):2477-2488.

[140] 王劲峰,徐成东. 地理探测器：原理与展望[J]. 地理学报,2017,72(1):116-134.

[141] 周恺,钱芳芳. 收缩城市：逆增长情景下的城市发展路径研究进展[J]. 现代城市研究,2015,36(9):2-13.

[142] 吴康,龙瀛,杨宇. 京津冀与长江三角洲的局部收缩：格局、类型与影响因子识别[J]. 现代城市研究,2015,36(9):26-35.

[143] 张瑞,李朝奎,姚思妤,等. 融合地理探测器和地理加权回归的太原市建设用地变化因子研究[J]. 测绘通报,2022,68(5):106-109,119.

[144] 杜传忠,侯佳妮. "去工业化"对中国地区经济增长的影响——基于门槛效应的分析[J]. 现代财经,2021,41(9):3-19.

图　录

图1-1　黄河流域城市群组织格局示意

图1-2　黄河流域甘肃段城镇第一、第二、第三产业产值占比（2000—2020年）

图1-3　黄河流域甘肃段人均生产总值、城镇化率（2000—2020年）

图1-4　黄河流域甘肃段文保单位数量

图2-1　中心地理论正六边形示意图

图2-2　弗里德曼区域空间结构演变图

图2-3　农业区位论示意

图2-4　技术路线

图3-1　黄河流域甘肃段城镇经济空间结构

图4-1　空间某一要素重心轨迹演变示意

图4-2　标准差椭圆示意

图4-3　市州尺度各研究要素重心迁移轨迹

图4-4　区县尺度各市州第一产业集聚重心迁移轨迹

图4-5　区县尺度各市州第二产业集聚重心迁移轨迹

图4-6　区县尺度各市州第三产业集聚重心迁移轨迹

图4-7　区县尺度各市州城镇竞争优势重心迁移轨迹

图5-1　理想状态与现实状态城镇布局对比示意图

图5-2　各市州区县尺度城镇竞争优势结构综合效益指数图

图5-3　各市州区县尺度第一产业集聚结构综合效益指数

图5-4　各市州区县尺度第二产业集聚结构综合效益指数

图5-5　各市州区县尺度第三产业集聚结构综合效益指数图

图6-1　城镇发展张弛水平分类分析示意图

图6-2　县级尺度城镇发展综合水平变化

图6-3　县域城镇发展收缩类型判别象限

图6-4　县城城镇发展收缩类型判别象限
图7-1　城镇经济空间要素在城镇工业化历程中的规律性特征图
图8-1　城镇经济空间优化策略图

表　录

表 1–1　黄河流域甘肃段遗产类别数据表

表 2–1　黄河流域甘肃段城镇经济空间结构演变指标体系

表 2–2　城镇发展水平评价指标体系

表 3–1　城镇经济空间结构分类及其示意图

表 3–2　市州尺度城镇空间经济要素变化趋势及 2020 年年末发展状态统计表

表 3–3　区县尺度城镇空间经济要素变化趋势及 2020 年年末发展状态统计表

表 4–1　市州尺度各研究要素重心迁移速度表

表 4–2　市州尺度各研究要素重心点集标准差椭圆参数表

表 4–3　区县尺度各市州竞争优势重心迁移速度表

表 4–4　区县尺度第一、第二、第三产业集聚水平的重心迁移速度表

表 4–5　区县尺度各市州引力指数重心点集标准差椭圆参数表

表 4–6　区县尺度各市州第一、第二、第三产业区位商指数重心点集标准差椭圆参数表

表 4–7　市州尺度与区县尺度各研究要素重心点集迁移轨迹对比表

表 4–8　市州尺度与区县尺度各研究要素重心点集迁移速度快慢对比表

表 4–9　市州尺度与区县尺度各研究要素重心点集演进方向对比表

表 5–1　市州尺度城镇竞争优势结构 DEA 分析结果表

表 5–2　市州尺度城镇第一产业集聚结构 DEA 分析结果表

表 5–3　市州尺度城镇第二产业集聚结构 DEA 分析结果表

表 5–4　市州尺度城镇第三产业集聚结构 DEA 分析结果表

表 5–5　各市州区县尺度城镇竞争优势结构 DEA 分析结果表

表 5–6　各市州区县尺度第一产业集聚结构 DEA 分析结果表

表 5–7　各市州区县尺度第二产业集聚结构 DEA 分析结果表

表 5-8　各市州区县尺度第三产业集聚结构 DEA 分析结果表

表 7-1　影响城镇经济空间结构的各解释变量具体含义

表 7-2　城镇经济空间相关要素因子探测结果

表 7-3　城镇经济空间相关要素主导因子与其他因子交互探测结果

表 7-4　县域、县城城镇发展综合水平影响因子

表 7-5　县域城镇发展综合水平影响因子探测结果

表 7-6　县域主导因子与其他因子的交互探测结果

表 7-7　县城城镇发展综合水平影响因子探测结果

表 7-8　县城主导因子与其他因子的交互探测结果

表 7-9　城镇工业化阶段判断标准

表 7-10　黄河流域甘肃段各城镇所处城镇化阶段

附 表

附表1 市州尺度DEA模型投入变量和产出变量汇总表

决策单元 时间	投入变量1 距中心城市重心距离	投入变量2 距区域几何重心距离	产出变量 TCN
2000	147547.1317	42998.19037	24266.5
2005	127961.7674	24444.88551	57128
2010	126982.6409	25683.75532	130968.5
2015	117985.2011	17680.48214	255196
2020	102032.3086	11457.49030	391206.9
			LIA1
2000	131198.6652	30406.82186	1.543598
2005	135921.1213	35984.14404	1.508055
2010	136106.7478	33412.36125	1.453327
2015	150953.1107	46001.64945	1.46042
2020	132707.4355	28323.92446	1.477915
			LIA2
2000	158753.7077	55592.24190	0.844609
2005	170221.9966	69101.20348	0.878559
2010	168285.0032	68008.45528	0.884844
2015	164014.4841	66177.02278	0.887748
2020	185903.8857	84524.86444	0.862199
			LIA3
2000	134817.1504	30264.92030	0.925016

续表

决策单元	投入变量1	投入变量2	产出变量
时间	距中心城市重心距离	距区域几何重心距离	TCN
			LIA3
2005	124701.0266	24034.50259	0.937241
2010	124574.4792	31244.17353	0.981622
2015	129482.4352	32250.91085	0.969195
2020	128238.4389	28165.95268	0.967883

附表2　区县尺度DEA模型投入变量和产出变量汇总表

区域	决策单元	投入变量1	投入变量2	产出变量
	时间	距中心城市重心距离	距区域几何重心距离	TCN
	2000	13261.49477	38101.27234	75079.96
	2005	13295.84946	38660.24285	164889
	2010	12042.41223	39913.98970	398471.9
	2015	10976.93429	41120.38167	773674.5
	2020	10512.49815	41343.26821	1270902
				LIA1
兰州市	2000	25962.96155	19650.27731	0.700975
	2005	26619.58230	19049.59840	0.667434
	2010	26170.17385	20181.88205	0.573309
	2015	31043.05203	14382.90415	0.529641
	2020	43300.11283	3157.779682	0.40576
				LIA2
	2000	33975.03717	20613.88447	1.188566
	2005	34654.32288	20270.85057	1.14118
	2010	32623.22326	20692.27272	1.187154

续表

区域	决策单元 时间	投入变量1 距中心城市 重心距离	投入变量2 距区域几何 重心距离	产出变量 TCN
兰州市				LIA2
	2015	35523.86791	20372.79216	1.202305
	2020	29803.72329	22080.77131	1.335957
				LIA3
	2000	20539.11541	26251.23760	0.931148
	2005	20502.42864	26886.25956	0.978157
	2010	19223.44872	28251.07410	0.930367
	2015	22100.00156	25323.52220	0.975952
	2020	24701.47341	24557.02319	0.966536
白银市				TCN
	2000	39398.9247	18281.85588	10788.52
	2005	39809.44761	18206.29411	21510.78
	2010	39039.93478	18660.06221	45777.43
	2015	40717.73326	19089.35667	72976.1
	2020	37717.04762	20368.09262	90791.02
				LIA1
	2000	56293.84428	18417.32184	1.43438
	2005	57395.47606	19132.17591	1.434259
	2010	59208.88473	21721.14643	1.392477
	2015	57269.34333	19030.51086	1.499884
	2020	57395.94238	17481.59565	2.126256
	2000	43871.72137	9397.86636	0.974697
	2005	45922.24118	7029.997369	1.002907
	2010	46368.92856	6981.790292	1.074902
	2015	48980.2879	3409.893981	1.135954

续表

区域	决策单元 时间	投入变量1 距中心城市重心距离	投入变量2 距区域几何重心距离	产出变量 TCN
白银市				LIA1
	2020	43642.75069	13758.15350	1.0497
				LIA3
	2000	55785.44920	24734.54131	0.81369
	2005	57736.99961	24804.06973	0.841526
	2010	57351.68495	23309.09152	0.784858
	2015	57399.92144	25950.66594	0.787119
	2020	49213.89429	22867.15910	0.731654
天水市				TCN
	2000	35699.67952	6387.152611	9040.171
	2005	37350.51313	5978.656402	20489.62
	2010	36725.85485	5970.400413	41816.15
	2015	36395.15407	5967.837678	76622.32
	2020	36294.95382	7638.083324	88807.46
				LIA1
	2000	57065.94570	21098.82021	1.839178
	2005	51428.02482	19958.87473	1.653543
	2010	51790.03790	22239.43492	1.983124
	2015	52248.94450	23083.81839	1.932206
	2020	51658.54427	19322.29988	1.997675
				LIA2
	2000	33063.21948	5740.448408	0.768261
	2005	36161.34003	1201.258817	0.728167
	2010	35869.90636	1711.154317	0.683998
	2015	32354.39460	4843.633288	0.722784

续表

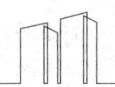

区域	决策单元 时间	投入变量1 距中心城市重心距离	投入变量2 距区域几何重心距离	产出变量 TCN
天水市				LIA2
	2020	28062.88365	8910.423522	0.603572
				LIA3
	2000	31946.71564	5915.72204	0.85066
	2005	29664.01008	13180.25238	1.037325
	2010	28190.04051	15887.41476	1.030237
	2015	28287.81859	16273.71466	0.963597
	2020	30407.81905	12536.37834	0.975172
武威市				TCN
	2000	40173.02989	62836.71504	4332.603
	2005	41140.72897	63941.97118	9521.552
	2010	41402.71791	64665.07881	16467.3
	2015	41365.83286	64347.65945	29370.72
	2020	40171.66245	63979.49168	32949.39
				LIA1
	2000	48116.82077	18552.57681	2.113375
	2005	49808.28166	13851.75400	1.942166
	2010	45691.47453	21717.78669	2.078102
	2015	44339.38106	26890.45210	2.008885
	2020	45114.60771	31061.06207	2.751322
				LIA2
	2000	54391.97928	71953.31169	0.639747
	2005	46827.76865	64186.62669	0.704233
	2010	47655.83126	62520.05299	0.86917
	2015	43187.86634	54605.57152	1.017526

续表

区域	决策单元 时间	投入变量1 距中心城市重心距离	投入变量2 距区域几何重心距离	产出变量 TCN
武威市				LIA2
	2020	45169.62914	61768.44378	0.536948
				LIA3
	2000	30217.08616	28539.64095	0.862667
	2005	35861.46703	19365.34658	0.957828
	2010	31686.82627	22172.32006	0.789394
	2015	35220.58003	17293.17607	0.744866
	2020	33900.91038	19031.17957	0.84388
平凉市				TCN
	2000	28521.53335	6108.762636	6705.099
	2005	26528.22661	4791.39171	13603.22
	2010	26753.14498	4251.107965	27314.43
	2015	28216.56202	7885.898441	45460.82
	2020	33438.56334	15025.77669	56482.51
				LIA2
	2000	33905.41803	6239.16851	1.910516
	2005	33393.19632	11006.36400	2.044646
	2010	31128.16115	12375.38538	2.082698
	2015	32075.53705	12448.45394	2.495182
	2020	31188.03873	8459.199476	2.04035
				LIA2
	2000	29006.75612	2534.424929	0.732923
	2005	28844.31453	4934.515671	0.842354
	2010	30431.12895	5315.936846	0.877223
	2015	30699.72204	7304.551844	0.778859

续表

区域	决策单元 时间	投入变量1 距中心城市重心距离	投入变量2 距区域几何重心距离	产出变量 TCN
平凉市				LIA2
	2020	31379.24278	8871.304539	0.855785
				LIA3
	2000	25836.02829	22774.93287	0.855975
	2005	24958.70254	19402.29496	0.783187
	2010	24695.98829	20519.35942	0.778765
	2015	26795.38705	19424.47857	0.789775
	2020	25684.45559	20320.01286	0.844013
庆阳市				TCN
	2000	21609.09513	48877.88024	4067.11
	2005	22903.62426	47763.52526	10198.72
	2010	23877.40310	46644.51688	22249.03
	2015	23235.51286	46913.61887	39197.2
	2020	23606.31059	45538.89005	45983.08
				LIA1
	2000	35867.85347	41335.74016	2.057996
	2005	30781.22309	46888.61866	1.89559
	2010	25699.70633	56915.97587	1.505011
	2015	25473.46282	59326.49929	1.339712
	2020	25759.47112	50545.90011	1.339209
				LIA2
	2000	44583.39075	31340.89235	0.700246
	2005	55926.73295	23887.44752	0.930739
	2010	54638.89377	25956.00559	1.107705
	2015	56789.89305	22459.44610	1.382021

续表

区域	决策单元 时间	投入变量1 距中心城市重心距离	投入变量2 距区域几何重心距离	产出变量 TCN
庆阳市				LIA2
	2020	61080.87062	21619.76952	1.494152
				LIA3
	2000	41871.25348	43630.39477	0.820459
	2005	45494.12041	60613.91732	0.748324
	2010	42277.31988	63228.43584	0.710371
	2015	39830.21376	61230.37125	0.658558
	2020	41588.49078	63084.50521	0.687577
定西市				TCN
	2000	55422.94206	17941.64319	8319.833
	2005	54915.98110	18283.71490	15417.78
	2010	55784.42675	18004.18504	31354.02
	2015	55393.56954	18209.28595	62212.48
	2020	53689.60003	20196.81275	83633.1
				LIA1
	2000	83240.15837	10537.66805	2.560289
	2005	84086.62799	11552.14702	2.96346
	2010	82266.98208	9970.13370	2.52213
	2015	80682.15959	8046.82081	2.134661
	2020	80949.40116	9505.15596	1.702628
				LIA2
	2000	71115.22748	5026.18674	0.491668
	2005	55217.49191	18996.80658	0.348948
	2010	71957.50773	5384.95386	0.46328
	2015	73596.36160	7150.96719	0.571937

续表

区域	决策单元 时间	投入变量1 距中心城市重心距离	投入变量2 距区域几何重心距离	产出变量 TCN
定西市				LIA2
	2020	70312.64693	2533.272555	0.535065
				LIA3
	2000	46443.87735	27545.91346	0.811539
	2005	49250.35603	24034.52591	0.946744
	2010	46664.62183	26146.78598	1.100457
	2015	48692.60932	24423.25044	1.017273
	2020	50831.74907	22172.23279	1.072289
临夏市				TCN
	2000	9883.62296	5687.58748	7097.607
	2005	11132.43431	2676.74837	16420.93
	2010	11021.75127	2791.439239	32490.29
	2015	9981.58106	4461.67923	65627.1
	2020	10065.04182	3726.82547	98934.16
				LIA1
	2000	12846.35858	9520.49528	2.093869
	2005	16303.98684	15339.99598	2.1331
	2010	16334.13690	13589.71041	2.034037
	2015	14626.98669	11118.12543	1.654641
	2020	16856.71890	10821.93375	1.522202
				LIA2
	2000	12454.75202	5756.32810	0.571041
	2005	18526.17968	6950.11005	0.558275
				LIA2
	2010	16652.85508	3487.09648	0.582825

续表

区域	决策单元 时间	投入变量1 距中心城市重心距离	投入变量2 距区域几何重心距离	产出变量 TCN
临夏市				LIA2
	2015	17147.02738	3468.27653	0.546496
	2020	17940.08783	7981.11425	0.628796
				LIA3
	2000	14509.35407	11355.10521	0.951468
	2005	13257.36208	7826.20820	1.035181
	2010	12659.99413	5931.14149	1.127644
	2015	13117.49699	7460.00388	1.150283
	2020	16063.42940	9899.96285	1.066127
甘南州				TCN
	2000	58061.21086	71076.52195	788.6685
	2005	55997.39170	69819.60901	1556.171
	2010	53728.05684	68430.70436	3731.922
	2015	53281.78907	69973.85637	7384.623
	2020	55003.73340	69821.54659	11343.89
				LIA1
	2000	87415.22062	32615.39805	2.48337
	2005	88196.19737	39346.57545	2.355721
	2010	90976.36231	30235.18533	1.946314
	2015	93556.55906	21534.63718	1.941327
	2020	89272.10287	9853.45090	1.850439
				LIA2
	2000	86066.94896	44154.31619	0.397705
	2005	91789.41426	28310.07410	0.445947
	2010	95811.55538	33994.02651	0.534333

续表

区域	决策单元 时间	投入变量1 距中心城市重心距离	投入变量2 距区域几何重心距离	产出变量 TCN
甘南州				LIA2
	2015	94264.03408	29242.26993	0.479773
	2020	82911.19889	55715.62200	0.43984
				LIA3
	2000	72674.58996	40610.79553	0.957905
	2005	77069.34899	44889.05347	1.0676
	2010	74136.85851	46361.87941	1.211611
	2015	77393.02924	45581.31289	1.126498
	2020	80053.38287	42686.59768	1.086248

附表3 黄河流域甘肃段各市县定位性质及格局结构一览表

名称	规划名称	战略定位、城市性质	国土空间总体格局、结构
兰州市	《兰州市国土空间总体规划（2020—2035年）》	黄河上游生态安全重要屏障区、国家重要的自主创新示范区、国家重要的生态产业先行区、国家重要的综合交通物流枢纽、国家向西向南开放的新高地	形成"一河两山三城多镇"的国土空间总体格局。一河：黄河生态功能带；两山：南北生态山体屏障；三城：中心城区、兰州新区和榆中生态创新城；多镇：三个区县和多个特色城镇
城关区 七里河区 西固区 安宁区 红古区	《兰州市国土空间总体规划（2020—2035年）》	—	建设"一带一脉四组团"多中心、网络化的高品质中心城区。一带：黄河风情带串联四大组团；一脉：兰州文化脉，展现兰州山水历史文化景观特质；四组团：陆港物流组团、绿色制造组团、科教创新组团、活力宜居组团

续表

名称	规划名称	战略定位、城市性质	国土空间总体格局、结构
永登县	《永登县国土空间总体规划（2021—2035年）》	全域城乡融合发展示范县、兰西城市群支点城市、黄河流域生态保护和高质量发展先行区	构建"一主两副多点，一屏两带四区"的国土空间总体发展格局。一主：中心城区引领柳树、大同镇作为核心增长极。两副：连城—河桥组团、苦水—树屏组团为县域副中心。多点：其他乡镇。一屏：以甘肃连城国家级自然保护区为主，在县域北部构建北部生态安全屏障。两带：庄浪河生态经济带、大通河产业经济带。四区：北部生态经济发展区、中部高效农业发展区、西部水保持与绿色经济发展区、南部综合发展区
皋兰县	《皋兰县国土空间总体规划（2021—2035年）》	西北商贸物流枢纽区、特色休闲旅游区；全省乡村振兴示范区、承接东部产业转移先行区；兰州新老城区相向发展的节点城市	一心：石洞水阜一体化发展区；两翼：黑石镇、什川镇；两廊：黄河和蔡家河；三区：北工农、中服务、南文旅
榆中县	《榆中县国土空间总体规划（2021—2035年）》	国家西部生态创新示范城市、兰州城市副中心、宜居宜游的田园品质城市	一脉：以宛川河水系为基础的水系及生态脉络；三区：中部城镇发展区、北山水土保持区、南部生态屏障区；一轴：依托复合交通走廊支撑的榆中盆地东西向城镇空间发展轴；两核：生态创新城、和平——定远组团
白银市	《白银市国土空间总体规划（2021—2035年）》	省域发展核心、兰州都市圈的副核心城市；国家有色冶金科创基地和西部重要的新材料产业基地；宜居宜业宜游宜养的现代化山水城市	优化市域"一圈、一带、三线、多极"动力格局。一圈：打造兰州都市圈的副核心城市。推动白银成为兰州都市圈高质量发展示范区；一带：积极建设黄河沿岸城镇带。着眼黄河流域组团发展，以县城为重点，以乡镇为特色，在沿黄流域构建乡村振兴示范带；三线：打造三条路衍经济带。以国道247线为主轴，打造现代农业示范带，

续表

名称	规划名称	战略定位、城市性质	国土空间总体格局、结构
白银市	《白银市国土空间总体规划（2021—2035年）》	省域发展核心、兰州都市圈的副核心城市；国家有色冶金科创基地和西部重要的新材料产业基地；宜居宜业宜游宜养的现代化山水城市	以省道308线为主轴，打造城乡一体发展示范带；以国道109线为主轴，打造工业经济发展示范带；多极：统筹各县区职能分工，构建"白银区先导发展极、其他县区特色发展极、中心城镇聚集发展极、产业园区错位发展极"的多层次发展结构
白银区	《白银区国土空间总体规划（2021—2035年）》	兰州都市圈副核心城市；省域创新产业核心承载平台；市域行政与公共服务中心；产城融合高质量发展先导区；黄河上游生态环境治理先行区；承接东部产业转移示范区	构建"一心、两带、两廊、三区"的国土空间总体格局。一心：白银城镇发展核心区；两带：兰白城市经济协同发展带、沿黄高质量发展经济带；两廊：S127—金沟生态廊道、东大沟生态廊道；三区：南部生态休闲旅游示范区、中部城乡融合发展示范区、北部现代特色农业示范区
平川区	《白银市国土空间总体规划（2021—2035年）》	西部陶瓷研发制造示范区、兰西城市群的主要节点城市、甘肃省能源产业发展基地、甘肃省特色农畜产品加工基地、甘肃省绿色生态产业示范基地、白银市主要的产业基地	—
靖远县	《靖远县国土空间总体规划（2021—2035年）》	打造具有引领作用的"五个示范区"。黄河上游生态环境综合治理示范区；省级现代丝路寒旱高效农业示范区；省级新型工业集聚发展示范区；省级三产融合发展示范区；省级商贸通道物流及区域联动发展示范区	一带两核、三廊三区。一带联动：刘白产业经济带；两核集聚：县城城市发展核心、北滩城市发展次核心；三廊筑底：沿黄生态保护旅发展廊道、祖历河绿色生态廊道、哈思山—屈吴山生物多样性生态廊道

201

续表

名称	规划名称	战略定位、城市性质	国土空间总体格局、结构
会宁县	《会宁县国土空间总体规划（2021—2035年）》	全国红色旅游名城；西北教育发展名县；长征国家文化公园建设示范区；全省现代丝路寒旱农业示范区；国家历史文化名城	形成多层次城镇等级结构：细分城镇等级结构，强化重点城镇引领规划形成"中心城区县域副中心—重点镇——一般镇"的多层次城镇体系等级结构。"郭河"建设县域副中心，同时确定会宁重点镇为郭城驿镇、甘沟驿镇、太平店镇、新添堡乡。"郭河"组团：按照县域副中心建设目标，把"郭（城驿）河（畔）"建设成为：黄河流域祖厉河段生态保护与高质量发展示范区、甘肃省城乡融合和乡村振兴发展的示范乡镇、引领会宁县北部区域高质量发展的增长极。分类促进城镇发展：明确城镇发展方向，以中心城区为核心，重点镇为节点，一般镇为基点，形成比较优势突出、功能互补、特色鲜明的城镇职能结构
景泰县	《景泰县国土空间总体规划（2021—2035年）》	国家新能源产业大县、国家全域旅游综合示范区、黄河上游生态环境综合治理示范县、沿黄高扬程灌区高效节水灌溉示范县、全省现代丝路寒旱农业综合示范县、全省三产融合发展示范区、白银市北部区域发展极	构建"一核、三廊、两区、多点"的国土空间总体格局。一核：是指景泰县城作为县域城镇发展核心；三廊：廊道、寿鹿山—米家山生物多样性绿色生态廊道，是指城镇高质量发展廊道、黄河生态保护和高质量发展；两区：根据农业种养特区分山地寒旱农业发展区和现代农业灌区；多点：是指带动经济发展的重点乡镇，包括红水镇、中泉镇、寺滩乡，以及景泰工业集中区现代（循环）农业产业园和正路工业园
天水市	《天水市国土空间总体规划（2021—2035年）》	国家历史文化名城、丝绸之路经济带重要节点城市、甘肃省区域中心城市	构建"三带四区，一核多点"的市域国土空间开发保护总体格局。"三带"：渭河河谷地区高质量发展带、南部丝路城镇发展带、张清麦城镇发展带；"四区"：南部山地生态涵养区、东部山地生态涵养区、北部黄土丘陵高

续表

名称	规划名称	战略定位、城市性质	国土空间总体格局、结构
天水市	《天水市国土空间总体规划（2021—2035年）》	国家历史文化名城、丝绸之路经济带重要节点城市、甘肃省区域中心城市	效农业发展区和南部黄土丘陵农业发展区；"一核"：指中心城区，包括主城区和三阳川新区；"多点"：多个重要城镇，包括武山县城、清水县城和张家川县城等县域中心城市，以及24个中心镇
秦州区 麦积区	《天水市国土空间总体规划（2021—2035年）》	—	构建"一带一区多组团、一主而副多中心的城市空间结构"。一带：沿藉河河谷的城市空间拓展带，包含秦州、麦积老城和秦州、成纪新城四个片区。一区：三阳川新区，产城融合型城市发展新区。多组团：主城区外围的暖河湾、颍川河、东柯河、社棠、空港、关子-藉口等6个城市组团。一主两副多中心：包括秦州城市主中心、成纪和三阳川新区两个城市副中心，以及多个城市组团片区中心
清水县	《清水县国土空间总体规划（2021—2035年）》	甘肃省特色农业产业化及农产品加工基地；黄河上游康养及大健康产业融合发展先行区；陇东南清洁能源一体化发展示范区	一核两轴多节点核心带动，一屏三区多廊协同发展。一核：指县域发展核心，以县城、白沙镇、红堡镇组成的综合城镇发展区；两轴：依托县域主要交通廊道，由白驼、黄门、松树、王河、远门、土门、贾川、郭川、金集、丰望、草川铺；构成的西部城镇发展轴，由新城、秦亭、山门、陇东构成的东部城镇发展轴；多节点：以重点镇为主的城镇发展节点
秦安县	《秦安县国土空间总体规划（2021—2035年）》	战略定位：文脉传承的人文秦安、绿色低碳的生态秦安、绿色低碳的富足秦安、品质引领的幸福秦安、内畅外达的支点秦安城市性质：大地湾国	构建"双城三轴，四梁六廊"的总体格局。双城：指生态主城和东部新城；三轴：分南北—东部—西向三条战略、文旅、特色城镇发展轴；四梁：巩固中山梁、王铺梁、千户梁和云山梁生态安全格局，提升生态安全保障功能；六廊：建设葫芦河流域、清水河流域

203

续表

名称	规划名称	战略定位、城市性质	国土空间总体格局、结构
秦安县	《秦安县国土空间总体规划（2021—2035年）》	际旅游目的地、陇东南经济带上的节点城市、天水都市圈核心组成部分	生态廊道；建立显清河、郭嘉河、西小河、南小河滨河线形自然和人工廊道
甘谷县	《甘谷县国土空间总体规划（2021—2035年）》	渭河流域生态保护和高质量发展示范区、陇东南生态宜居文化名城、魅力"甘味"特色农产品基地、陇东南综合物流集散地、天水市新兴产业	构建"一屏两带，一主两副"全域总体格局。一屏：南部山区西秦岭余脉生态屏障；两带：渭河生态及城镇功能发展带散渡河流域现代农业发展带；一主：甘谷县中心城区，县域发展的主要增长极核；两副：磐安镇、安远镇，构成两个方向发展副中心
武山县	《武山县国土空间总体规划（2021—2035年）》	金省优质绿包农产品会产业链示范高地、"一线六围"会域旅游胜地、新型建材产业集群基地	构建"一轴两核五区五廊"国土空间开发保护总格局。一轴：打造渭河沿线城镇一体化黄金轴；两核：城关镇、洛门镇；五区：中部综合发展区、南部生态农业发展区、北部工贸发展区、东部康养旅游区、西部工贸旅游发展区；五廊：渭河生态廊道、大南河生态廊道、榜沙河生态廊道、山丹河生态廊道、聂河生态廊道
张家川回族自治县	《张家川回族自治县国土空间总体规划（2021—2035）》	全国民族团结进步模范县、全国生态文明建设示范县、全国特色餐饮基地、民族地区转型升级示范区、全省现代肉牛产业园、全省文明县	中心城区规划结构为"两心、两轴、五片区"。两心：城中行政商贸中心、城西综合服务中心；两轴：城市主要发展轴线、城市次要发展轴线；五片区：城中行政商贸、城北居住生活区、城西综合服务区、城东居住生活区、城南居住生活区
武威市	《武威市国土空间总体规划（2021—2035年）》	战略定位：国家西部生态安全屏障、国家历史文化名城、丝绸之路经济带甘肃段重要节点城市。城市性质：国家生态综合治理示范区、甘肃优质	构建"南山北沙；三带四区；一核三轴"的国土空间总体格局。南山北沙：坚守南部山区、中部绿洲、北部荒漠的自然地理格局和生态本底。两屏一廊：稳固祁连山冰川与水源涵养生态功能区、石羊河下游生态治理区为主体的两大生态安全屏障，建设中部石

续表

名称	规划名称	战略定位、城市性质	国土空间总体格局、结构
武威市	《武威市国土空间总体规划（2021—2035年）》	绿色食品生产供应基地、丝路文化旅游名市、西部通道经济重要枢纽、甘肃新能源产业基地、河西走廊经济社会高质量发展桥头堡	羊河生态廊道。三带四区：建设"沿山、沿川、沿沙"三大特色产业带和凉州、民勤、古浪、天祝四个县域特色农业区。一核三轴：打造以武威中心城区为核心，S316、兰新铁路、S55为轴线的城镇集聚带
凉州区	《武威市国土空间总体规划（2021—2035年）》	—	构筑"一城、一港、四组团"的中心城区空间结构。一城：凉州城区；一港：甘肃（武威）国际陆港；四组团：东部产业组团、北部工业组团、武南综合组团、黄羊综合组团
民勤县	《民勤县国土空间总体规划（2021—2035年）》	生态文明建设示范区、防沙治沙综合示范区和节水模范县、绿色生态农产品生产基地、清洁能源产业集聚区、沙漠风情生态旅游目的地	构建"一带两核，两轴两区"的国土空间总体格局。一带：防风固沙生态林带。形成护卫绿洲的稳固屏障；两核：县城主核心、红沙岗副核心。两轴：沿石羊河保护发展轴、产业特色发展轴。串联全县各镇，联通县域外的发展轴带，实现区域联动，共享互建。两区：绿洲综合发展区、防风固沙生态涵养区
古浪县	《古浪县国土空间总体规划（2021—2035年）》	全省生态治理示范县、河西走廊乡村振兴样板县、特色农产品优势区	总体格局："两屏三区、两核两轴"。两屏三区：稳固北部沿沙防风治沙生态屏障、南部祁连山生态安全屏障。建设北部沙区、中部川区和南部山区农业发展区。两核两轴：打造以古浪中心城区和大靖镇为核心，S316、G312为轴线的城镇发展集聚带
天祝县	《天祝藏族自治县空间总体规划（2021—2035年）》	国家生态文明建设示范县、省级全域旅游发展示范县、高原藏乡特色优势农产品基地、河西走廊民族团结进步展示地	构建"一屏一带两轴三区"的县域国土空间总体格局。一屏：县域西部稳固祁连山水源涵养生态功能区的国家生态安全屏障；一带：祁连山北麓浅山适度发展带；两轴：依托连霍高速—国道G312—兰新铁路及兰州至张掖

续表

名称	规划名称	战略定位、城市性质	国土空间总体格局、结构
天祝县	《天祝藏族自治县空间总体规划（2021—2035年）》	国家生态文明建设示范县、省级全域旅游发展示范县、高原藏乡特色优势农产品基地、河西走廊民族团结进步展示地	三四线打造的南北向主要发展主轴；依托国道G338线打造的东西向次要发展次轴；三区：西北部祁连山生态重点保护区、中部金强川城乡统筹集聚发展区、东部农牧业高效发展区
定西市	《定西市国土空间总体规划（2020—2035年）》	黄河上中游绿色一体化发展示范区、"一带一路"西北陆海联运战略枢纽、甘肃"一小时核心经济圈"新增长极、陇中特色文化强市	构建"一主""四副""两带"的县域国土空间总体格局。一主：定西市中心城区；四副：陇西县城、岷县县城、通渭县城、临洮县城；两带：丝路综合发展带：以陇海走廊为主要廊道，连通兰州—安定—陇西—天水。西部陆海新通道南向开放展带：以兰渝铁路为主要廊道，连通兰州—渭源—漳县—岷县—陇南
安定区	《安定区国土空间总体规划（2021—2035年）》	丝绸之路经济带重要节点城市、兰州都市圈副中心城市、兰州都市圈副中心城市、"中国薯都"核心区、"中国西部草都"核心区、兰定一体化协同创新发展试验区、黄河上游水土保持生态综合治理循环经济发展试验示范区	构建"一心，多点，多廊，三片"国土空间总体格局。"一心"：政治、经济、文化发展中心；多点：关川—生态森道沟镇、鲁家沟镇、内官营镇、定—平—庆发展通道、团结镇、李家堡镇、西巩驿镇；多廊：丝路综合发展带，关川—东河生态廊道，通定、定临发展通道，定—平—庆发展通道。三片：北部水土流失治理及旱作农业提升区、中部水土保持及经济综合发展区、南部生态保护及种养结合区
通渭县	《通渭县国土空间总体规划（2021—2035年）》	山水园林城市、陇东南地区区域中心城市、以现代特色农业示范区、双碳先行示范区、区域性现代商贸物流节点、红色—生态文化旅游城、温泉康养宜居城	规划形成"三脉三区、一主一副X型点轴"的县域总体格局

续表

名称	规划名称	战略定位、城市性质	国土空间总体格局、结构
陇西县	《陇西县国土空间规划（2021—2035年）》	甘肃省东南部区域性中心城市、甘肃省级历史文化名城、定西市南部副中心城市	构建"一心多点，轴带串联，多组团"建设多中心、网络化的高品质中心城区。一心：陇西城市综合中心；多点：多个组团服务中心；轴带串联：一轴：城镇发展轴；一带：渭河风光景观带。多组团：首阳特色小镇组团：以生活居住、商业服务、中药材加工、交易职能为主；巩昌城市生活组团：行政商务生活居住、文旅康养及现代服务职能为主；文峰工贸物流组团：工业生产物流服务、交通枢纽、会展科创等职能为主
渭源县	《渭源县国土空间总体规划（2020—2035年）》	甘肃中部生态文化旅游城市、渭河源生态保护和高质量发展试验区、全省全域旅游示范区、全省乡村建设行动先行区、全国马铃薯育种制种基地、全国道地中药材药源基地、西北绿色肉食品生产供应基地、甘肃高原夏菜生产基地	构建"一带、两极、三片区"的总体空间发展格局。一带：沿川（会清一体化）经济发展带，依托兰海高速渭源段、陇渭高速、G212线、G310线、S227线及兰渝铁路渭源火车站等，以上湾—田家河—会川—五竹—清源—锹峪—路园—莲峰为县域经济发展带。两极：县城经济核心增长极、会川经济核心增长极，坚持县城区优先发展，合理布局县城发展空间，完善城市服务功能。三片区：北部旱作农业提升区、中部经济综合发展区、南部生态文化旅游融合发展区
临洮县	《临洮县国土空间总体规划（2021—2035年）》	黄河上游洮河经济带的核心发展区、兰西城市群重要的节点城市和新兴城市功能的承载区、区域性生态安全格局构建与生态文明建设的先行示范区、陇中黄土丘陵区国土综合整治示范区、都市区产业外溢	构建"一带双心、四区五源"的国土空间开发保护格局。一带：即川河经济发展带，是临洮绿色经济带的主轴线，主要通过建设一批各具特色、功能互补的重要节点，以点连线、以线带面，推动全县现代农业、文化旅游、康体养生、现代物流、绿色工业融合发展。双心：县城，是临洮经济社会发展的核心区。中铺园区，是临洮县产业发展的重要承载区。四区：即依

续表

名称	规划名称	战略定位、城市性质	国土空间总体格局、结构
临洮县	《临洮县国土空间总体规划（2021—2035年）》	和东西部产业协作高质量发展区、历史悠久人文荟萃是甘肃华夏文明传承创新区的重要组成部分、兰州南大门—西部陆海新通道重要的物流节点、甘肃乡村振兴与新型城镇化统筹发展示范区	托农业发展基础，形成北部干旱农业种植片区、中部现代农业片区、东部特色农业种植片区、南部高标准农业示范区4个各有侧重的农业发展片区。五源：即依据临洮县的自然生态特征和生态保护任务要求，在全县需加强保护的洮河、马啣山、南屏山、紫云山、红旗丹霞山五个生态源地
漳县	《漳县国土空间总体规划（2021—2035年）》	康养之城、构建黄土高原陇西台地和西秦岭山地交汇过渡地带生态安全屏障示范县、全力打造"天下贵清，康养漳县"陇上生态旅游名县、西北盐业重镇、特色产业融合发展示范区	构建"一屏两翼三廊四区、一核两轴五副"的总体格局。一屏：西北部山区生态屏障和东南部山区生态屏障组成县域绿色生态屏障；西秦岭—漳河重点生态保护走廊、西秦岭—龙川河重点生态保护走廊、西秦岭—榜沙河重点生态保护走廊；两翼：贵清山、遮阳山；四区：林业发展、畜牧业发展区、特色农业发展区、粮食作物种植区；一核：中心城区（人口产业集聚区）；两轴：南向通道发展轴、川河经济发展轴；五副：三岔镇、新寺镇、四族镇、贵清山镇、大草滩镇五个副中心
岷县	《岷县国土空间总体规划（2021—2035年）》	西部陆海贸易新通道重要节点城市、黄河上游洮渭流域重要生态安全屏障、木寨岭以南地区重要的区域经济中心、岷归道地中药材精深加工销售基地、草畜种植加工基地、洮岷文旅融合多元创新发展示范基地、定西市副中心城市	构建"一心、一港、两轴、四区"的国土空间整体格局。一心：即以县城为核心；一港：即甘肃（岷州）国际陆港；两轴：即全县"三纵三横"十字形城镇发展轴"四区"：岷阳镇为中心的中部创新发展核心区，闾井镇为中心的东部绿色生态产业区，梅川镇为中心的北部现代商贸综合区，十里镇为中心的西南部红色文化旅游区

续表

名称	规划名称	战略定位、城市性质	国土空间总体格局、结构
平凉市	《平凉市国土空间总体规划（2020—2035年）》	国家战略支撑：黄河流域国家级现代生态循环农业示范市、黄土高原绿色发展先行区。区域发展极核：全国现代能源综合利用基地，西北信创产业发展先行示范区，全省高质量发展重要增长极。国民幸福生活：国家全域旅游示范市，陕甘宁三省区区域中心城市	构筑"一脉一心，两河两廊，三轴三区"的开发保护格局。一脉：六盘山脉；一心：崆峒区；两河：葫芦河流域泾河流域；两廊：关山六盘山生态廊道、崆峒山—五龙山—灵台南部林区生态廊道；三轴：静—崆—泾文化生态城镇发展轴，静—庄—华—灵特色资源城镇发展轴，天平—庆城镇互动发展轴；三区：西部农特资源型城镇提升发展区、中部平凉都市区、东部丝路文明与现代资源特色发展区
崆峒区	《崆峒区国土空间总体规划（2021—2035年）》	总体定位：崆峒区是平凉市域政治、经济、文化中心，平凉市高新技术发展的引领区和核心区。职能定位：平凉市都市区发展的承载、疏解、支撑、服务职能。战略定位：丝绸之路经济带黄金段重要节点城市、甘肃省域副中心城市、区域中心城市、西部人文生态旅游基地、引领全市跨越发展的核心区	一主一副：构建平凉市中心城区和崆峒区新型城镇化发展的"引擎"和"中枢"；发展四十里铺镇为中心城区向东扩展重点承载区，辐射带动周边乡镇发展，推动全面乡村振兴。双区耦合：塬上农牧发展区：以高效生态农业、生态养殖为主，结合地域特色积极发展民俗特色旅游。生态绿色发展区：以生态环境保护为核心，加快生态农牧业和林业发展，打造生态产业片区。一带三轴：沿泾河川区城乡发展带、平庆城镇发展轴、华平彭城镇发展轴；太统崆峒山脉生态轴
泾川县	《泾川县国土空间总体规划（2021—2035年）》	黄河流域生态保护和高质量发展示范县；全省城乡深度融合发展示范县；全省农业现代示范县；国家全域旅游示范县；陇东黄土高原绿色发展先行区	构建"一极两翼三廊"国土空间总体格局。一极：中心城区经济发展增长极；两翼：南北两塬产业发展翼；三廊：泾讷河、黑河、洪河生态保护廊道

续表

名称	规划名称	战略定位、城市性质	国土空间总体格局、结构
灵台县	《灵台县国土空间总体规划（2021—2035年）》	"古韵灵台"活力绿城；甘肃省历史文化名城，陇东能源基地，生态宜居典范城市	构建"两轴两廊，一核三区"的全域总体格局。两轴：达溪河—黑河城镇发展轴、什字塬城镇发展轴。两廊：黑河生态廊道、达溪河生态廊道。一核：灵台主城区。三区：北部新型城镇化示范区、南部农旅一体化示范区、东部绿色发展示范区
崇信县	《崇信县国土空间总体规划（2021—2035年）》	陇东综合能源基地重要支撑区、陇东现代生态循环农业示范区、陇东旅游康养服务基地总体定位	形成"一轴"（龙泉寺—诚信文化商贸综合体—武康王庙形成的中轴线）、"两廊"（汭河生态景观廊道、团结路—新西街城市发展廊道）、"三组团"（东城区产城融合组团、中部老城风貌旅游服务组团、西城区核心功能组团）的空间结构
华亭县	《华亭市国土空间总体规划（2021—2035年）》	陇东煤电化产业发展高地；旅游休闲养生福地；现代化融合发展示范市	总体开发保护格局："一城四园、多廊纵横，西立屏障、中治良田、东育森林"。一城四园：形成新型城镇化、工业化核心区，做大做强主城区，统筹布局石堡子、西华、安如园区，策底园区作为煤化工产业发展备用区。多廊纵横：依托于汭河、神峪河、上关河、麻庵河等河流以及主要交通走廊等形成生态廊道。西立屏障：西侧区域全力打造"关山—六盘山生态屏障"，保障区域生态平衡和生态安全。中治良田：中部加强土地整治，进行农田整理和高标准农田建设，提升全市耕地数量和质量。东育森林：东部区域主要进行生态保育与生态修复，重点实施矿山修复植树造林
庄浪县	《庄浪县国土空间总体规划（2021—2035年）》	全国梯田高效开发示范县；西北地区马铃薯钟薯科研基地，西北地区重要的平品供	构建"一屏两廊、一核多点、两带四区"的国土空间开放保护格局。一屏指依托关山形成的县域东侧生态安全屏障。两廊指以庄浪河—葫芦河流域

续表

名称	规划名称	战略定位、城市性质	国土空间总体格局、结构
庄浪县	《庄浪县国土空间总体规划（2021—2035年）》	应基地；甘肃省重要的休闲康养目的地，甘肃省文化旅游发展示范区，甘肃省绿色经济发展示范区，甘肃省农特产品加工示范区，甘肃省循环农业发展示范区	和水洛河流域形成的两条生态廊道。一核指以县城为全域经济、产业及服务发展的核心。多点指重点小城镇，构建多层级、网络化的开发格局。两带指庄浪河—葫芦河河谷农业发展带、水洛河河谷农业产业发展带。四区指北部现代旱作农业区、南部生态畜牧业产业区、东部特色农业产业区、西部经济林果发展区
静宁县	《静宁县国土空间总体规划（2021—2035年）》	陇东黄土高原水土保持区，中国苹果基地，国家纸制品包装产业基地甘肃特色文化强县市域副中心城市	总体格局："一心六点七廊三区"。一心指中心城区，六点指威戎镇、李店镇、界石铺镇甘沟镇古城镇、仁大镇等重点发展城镇，七廊指葫芦河、高界河、李店河、红寺河甘渭河、甘沟河、狗娃河等生态廊道，三区指北部农业发展示范区、中部城乡一体化发展区南部苹果产业发展区
庆阳市	《庆阳市国土空间总体规划（2021—2035年）》	区域中心城市，现代化生态宜居人文魅力创新创业典范城市，陇东综合能源化工基地，红色文化传承创新基地	构建"两屏两区、一核两带三轴气多点"的国土空间总体格局。两屏两区：筑牢安全屏障，加强水土保持。两屏：六盘山麓防风固沙生态屏障、子午岭水土保持生态屏障。两区：北部丘陵水土保持区、南部沟壑塬面水土保持区。一核两带三轴多点：协调人地产关系，引领高质量发展。一核：市中心城区。两带：银西高铁城镇发展带、兰定平庆延城镇发展带。三轴是指庆阳市至固原、延安、铜川等地市的三条城镇发展通道。多点：环县城区、华池城区、庆城城区、合水城区、镇原城区、宁县城区、正宁城区
西峰区	《西峰区国土空间总体规划(2021—2035年)》	国家现代能源经济示范区；区域级中心城市发展共同体的先行区；资源型城市低碳	生态空间格局指"一屏两廊三片区"：一屏：董志塬生态安全屏障；三片区：三大重点生态修复保护区；两廊：马莲河、蒲河生态廊道。农业空间格局

211

续表

名称	规划名称	战略定位、城市性质	国土空间总体格局、结构
西峰区	《西峰区国土空间总体规划(2021—2035年)》	化转型的重点示范区；黄土敏感地区人地关系改善的宜居城市；黄土农耕文化、红色文化的创新展示区	包括"三带三级N点"：三带：万亩苹果产业发展带、塬边特色产业发展带、全区瓜菜产业发展带。三级：三个循环生猪产业集群极，N点：多个塬边特色产业点。城镇空间格局包括"四级三区"，四级：Ⅰ级中心城区；Ⅱ城镇级董志镇、彭原镇；Ⅲ级城镇：肖金镇、后官寨镇、温泉镇；Ⅳ级城镇：显胜乡、什社乡；三区：综合发展城镇片区、特色引领城镇片区、整合提升城镇片区
庆城县	《庆城县国土空间总体规划（2021—2035年）》	国家能源储备与转型利用示范基地；黄土高原水土保持功能生态示范点；西北农工旅融合发展先行区；西银-平庆城镇群区越中心城镇	构建"一屏三区，一核两心三带四点"的国土空间总体格局。一屏：子午岭水土保持生态屏障。三区：西部丘陵水土保持区、南部塬面水土保持区、东北部河谷水土保持区。一核：中心城区及高铁站片区。两心：驿马镇、马岭镇及州铺镇。两带："西银"城镇发展带，"平庆"城镇发展带（兰定平庆延太）。多点：玄马镇、桐川镇、白马铺镇、赤城镇、高楼镇、南庄乡、蔡家庙乡、翟家河乡、太白梁乡、土桥乡
环县	《庆阳市环县国土空间总体规划（2021—2035年）》	种养循环一体化的国家级现代农业示范区；独具西北特色多元文化融合的文旅名城；西北资源型城市转型绿色发展先行区；全省义务教育均衡发展样板县；黄河流域生态保护与水土流失治理示范县。甘肃面向宁夏的桥头	一核两带三轴多点。一核：市中心城区。两带：银西高铁城镇发展带、兰定平庆延发展带。三轴：庆阳市至固原、延安、铜川等地市的三条城镇发展通道。多点：环县城区、华池城区、庆城城区、合水城区、镇原城区、宁县城区、正宁城区

续表

名称	规划名称	战略定位、城市性质	国土空间总体格局、结构
环县	《庆阳市环县国土空间总体规划（2021—2035年）》	堡，庆阳北部门户城市，丝绸之路经济带黄金段重要节点城市，"中国皮影之乡"为依托的区域生态文化旅游名城，陇东绿色生态产业示范基地。城市性质：西北特色畜牧业产品出口示范大县，全省传统能源高效转化与清洁能源发展重地，传统文化特色多元的创新型城镇，陇东北部红色驿站、黄土高原特色美居之城	一核两带三轴多点。一核：市中心城区；两带：银西高铁城镇发展带、兰定平庆延城镇发展带；三轴：庆阳市至固原、延安、铜川等地市的三条城镇发展通道；多点：环县城区、华池城区、庆城城区、合水城区、镇原城区、宁县城区、正宁城区
华池县	《庆阳市华池县国土空间总体规划（2021—2035年）》	红色南梁，中国"两点一存"爱国主义教育基地，全国红色旅游+绿色生态旅游互促示范基地，聚焦红色振兴，打造全国旅游强县。动力华池，国家西部重要能源基地，能源化工绿色转型示范基地，聚焦黑色资源，建设陇东能源大县。振兴华池，陇东黄土丘陵沟壑区，乡村振兴示范县，绿色生态有机农业示范区，聚焦特色产业，构筑庆阳农业富县。幸福华池，生态健康，社会文明，聚焦民生	构建"一核、四轴、五心、三板块"国土空间开发总体格局。一核：以华池县城为主体，推动现代服务业集聚发展，不断改善城区人居环境，打造县域经济、社会、文化、产业综合发展核心。四轴：悦乐—柔远—乔河G244、悦乐—五蛟—怀安—元成乔川S506及县道、柔远—山庄—林镇S317、林镇—南梁—紫坊畔S201及县道为主的"双V型"产业发展轴。五心：以东部中心南梁镇、西部中心五蛟镇、北部中心元城镇、南部中心悦乐镇、南部副中心城壕镇为载体，分工协作，特色发展，相互支撑，带动县域国土空间保护与经济社会全面发展。三板块：东部生态保护与红色旅游及生态旅游板块、中部工业服务业板块、西部绿色有机农业及精深加工业板块

续表

名称	规划名称	战略定位、城市性质	国土空间总体格局、结构
华池县	《庆阳市华池县国土空间总体规划（2021—2035年）》	保障，打造人民幸福示范县。美丽华池，生态平衡，天蓝地绿，山水林田湖草和谐共生，建设黄土高原生态文明示范县，聚焦绿色低碳循环，打造黄土高原绿色生态城镇样板，营造西北生态宜居名县	构建"一核、四轴、五心、三板块"国土空间开发总体格局。一核：以华池县城为主体，推动现代服务业集聚发展，不断改善城区人居环境，打造县域经济、社会、文化、产业综合发展核心。四轴：悦乐—柔远—乔河G244、悦乐—五蛟—怀安—元成乔川S506及县道、柔远—山庄—林镇S317、林镇—南梁—紫坊畔S201及县道为主的"双V型"产业发展轴。五心：以东部中心南梁镇、西部中心五蛟镇、北部中心元城镇、南部中心悦乐镇、南部副中心城壕镇为载体，分工协作，特色发展，相互支撑，带动县域国土空间保护与经济社会全面发展。三板块：东部生态保护与红色旅游及生态旅游板块、中部工业服务业板块、西部绿色有机农业及精深加工业板块
合水县	《庆阳市合水县国土空间总体规划（2021—2035年）》	宜居宜业、城乡和谐、乡村振兴的新时代示范窗口县。践行"两山"理论的样板地，西北大型清洁能源化工基地，现代农业绿色发展领地，陇东高质量生态康养净地	构建"一核五带多点"的国土空间总体格局。一核指中心城区，五带指西板城镇发展带、西何城镇发展带、西肖城镇发展带、西固城镇发展带、西太城镇发展带，多点指太白镇、老城镇、何家畔镇、板桥镇、肖咀乡、固城镇、吉岘镇
正宁县	《庆阳市正宁县国土空间总体规划（2021—2035年）》	甘肃东部开放门户岭西生态宜居福地。城市性质：甘陕交界生态文明副中心城市，陇东特色产业基地，陇东煤电能源开发示范基地，陇东文化生态旅游康养目的地	形成"一岭双芯，三川四塬"的县域国土空间开发保护总体格局。一岭指县域东部子午岭林区；双芯指中心城区、周家工业园区；三川指四郎河川区、支党河川区、嘉裕川河川区；四塬指宫河塬、永和塬、月明塬、三嘉塬

续表

名称	规划名称	战略定位、城市性质	国土空间总体格局、结构
宁县	《宁县国土空间总体规划（2021—2035年）》	生态宁州能源高地；陇东综合能源化工基地的核心承载地乡村振兴特色产业示范区；近悦远来宜居宜业的魅力山水城市	构建"一屏四廊、一轴两心三区多点"的国土空间总体格局。一屏：陇东子午岭水土生态保持屏障的重要组成部分，四廊：沿马莲河、城北河、泾河、蒲河生态廊道。一轴：以G244、G327为依托的县域城镇发展主轴。两心：县域主中心(县城)、副中心(和盛镇)。三区：西部产业发展区、中部特色农业发展区、子午岭林区高价值生态保护区。多点：包括长庆桥镇（长庆桥集中工业园区）、早胜镇、平子镇、盘克镇等重点镇和一般乡镇
镇原县	《庆阳市镇原县国土空间总体规划（2021—2035年）》征求意见稿	黄土高原生态保育示范地，现代丝路寒旱农业标准地，陕甘宁新型城镇化发展示范区黄土高原生态宜居城市。陇东南城镇带重要节点、庆平城市组团副中心城市，文化、旅游、教育服务特色城市。王符文化传承弘扬基地，新型工业化与现代农畜产品规模加工和绿色食品加工基地	构建"一核三轴、三区四廊"的国土空间开发保护总体格局。一核指中心城区，镇原县新型城镇化发展的核心。三轴指沿S202发展轴、沿S318发展轴、沿G327发展轴，串联带动城镇协调发展，推动城乡融合发展。三区指西北部山区生态恢复区、中南部固沟塬保水土流失区、东部水源涵养保护区。四廊指蒲河生态廊道、交口河生态廊、茹河生态廊、洪河生态廊
临夏州	《临夏州国土空间总体规划（2021—2035年）》	甘肃西南门户，生态先行示范区，人文宜居的美丽临夏，民族特色业基地，"一带一路"商旅重镇	形成"一主两副、两轴三带多节点"的城镇发展格局，总体构建强核引领、轴线驱动、多点支撑的开放型网络化城镇发展格局。一主：临夏市、临夏县一体化综合主中心；两副：永请县城、和政县城商贸旅游副中心；两轴：南北轴：兰合铁路（折达—临永高速）发展轴，东西轴：兰朗公路交通发展轴；三带：沿刘家峡库区、沿太子山、沿洮河主要城镇发展带；多节点：其他各县城、重点镇

续表

名称	规划名称	战略定位、城市性质	国土空间总体格局、结构
临夏市	《临夏市国土空间总体规划（2021—2035年）》	信念坚定、担当实干的奋进之城；规划引领、科技赋能的创新之城；诗意花香、温馨舒适的宜居之城；重教兴学、理念先进的宜学之城；筑巢引凤、合作共赢的宜商之城；活力无限、热情好客的宜游之城；国色天香、冠绝陇上的牡丹之城；历史悠久、商贸繁荣的活力之城；底蕴深厚、绚丽多彩的彩陶之城；和睦和顺、善治有序的团结之城	一带聚城镇（大夏河）：沿大夏河川谷地带的城镇发展主轴；两屏护南北（南山北塬）：以南北山体台塬为生态保护屏障；三水锲入城（水系廊道）：沿大夏河、牛津河、红水河等主要河流入城的景观廊道
临夏县	《临夏县国土空间总体规划（2021—2035）》	丝绸之路经济带节点地区；甘肃西南重要的物流商贸节点；现代农业和民族特色产业基地；全州旅游度假综合服务中心	一带联市县：沿大夏河川谷地带的县市一体化发展主轴；两屏护南北：西南侧太子山屏障及北部、南部山林塬田形成的生态防护屏障；六水楔入城：水系生态廊道：沿红水河、牛津河、牙沟河、榆林河、槐树关河、老鸦关河等主要河流入城的景观廊道
康乐县	《康乐县国土空间总体规划（2021—2035）》	青藏高原重要生态屏障；全国生态文明示范县；全省生态旅游目的地；甘肃中南部肉牛产业核心示范区；沿太子山经济带和沿洮河经济带上重要支点；全域旅游带动乡村振兴发展创新区	锚定"两核两轴，一带三区"国土空间总体格局。两核：围绕康乐县中心城区和康乐工业园为核心形成的空间增长极；两轴：沿国道310和国道248为依托形成主要城镇集中发展轴；一带：沿旅游大通道形成的农旅融合示范带；三区：北部畜牧产业集聚区、中部现代高效农业发展区、南部生态文化旅游引领区

续表

名称	规划名称	战略定位、城市性质	国土空间总体格局、结构
永靖县	《永靖县国土空间总体规划（2021—2035年）》	黄河上游生态保护和高质量发展先行区；国家级旅游度假区；全国有机产品认证示范区；工业经济高新区	形成"一带四区、一主两副多点"的县域国土空间总体格局。一带：永靖百里黄河生态保护与高质量发展带；四区：西部山区旱作农业区、中部川源设施农业区、东部生态特色农业区、南部森林水源涵养区；一主：永靖县中心城区；两副：盐锅峡镇、库北城乡融合示范区；多点：指县域其他不同异质性节点
和政县	《和政县国土空间总体规划（2021—2035年）》	全国重要的史前古动物化石研究与参观基地；临夏州副中心及循环经济产业引领区；和政县政治、经济、文化中心；生态宜居城市	构建全域"一屏三带保安全、两心两轴引发展"的总体空间格局。一屏：秦岭山系西延的太子山脉，构成全县生态安全屏障；三带：北部山区特色种养带、中部林果蔬种植带、太子山沿线食用菌种植带；两心：城市综合发展服务核心、松鸣镇旅游服务副中心；两轴：广通河—牙塘河城镇发展轴、南岔河文旅发展轴
东乡族自治县	《东乡族自治县国土空间总体规划（2021—2035年）》	全国唯一的东乡族自治县政府所在地，兰州都市圈节点城市，临夏州东部重要的商贸服务中心，全县的政治、文化、信息中心，充满活力的品质宜居山城	构建全域开发保护总体格局构建"一核三心、四带多点"的总体格局。一核：刘家峡库区，是水源涵养和生物多样性保护的核心；三心：县城、达板、河滩，是带动县域经济发展的经济增长极；四带：沿库发展带、沿河发展带、沿川发展带、沿路发展带；多点：包括龙泉、那勒寺、果园、汪集、唐汪、东塬、考勒
积石山县	《积石山县国土空间总体规划（2021—2035年）》	黄河上游生态文化旅游黄金地；跨区域民俗特色产品加工基地；西北多民族交融共进示范区	构建"一屏二心三带四区五廊"的国土空间总体格局。一屏：盖新坪林场生态保护屏障；二心：县城发展核心、大河家发展核心；三带：临大高速经济带、沿山(积石山)旅游带、顺水(黄河)旅游带；四区：北部特色旅游商贸区、中部三产融合区、东部特色农业区、南部生态农业观光区；五廊：刘集河、刘安河、吹麻滩河、牧野沟、银川河廊道

续表

名称	规划名称	战略定位、城市性质	国土空间总体格局、结构
甘南州	《甘南藏族自治州国土空间总体规划（2021—2035年）》	国家生态屏障的使命重要地区；黄河上游生态高质量发展示范区；涉藏地区开放平台；辐射三省涉藏地区的服务、矿业和文化节点；甘肃省特色发展新标杆	构建"一核四轴、四廊八源"的全域开发保护总体格局。一核：合作—夏河一体化发展区；四廊：黄河干流生态廊道、洮河生态廊道、大夏河生态廊道、白龙江生态廊道；四轴：夏河—合作—临潭—卓尼发展轴、王格尔塘—合作—碌曲—郎木寺发展轴、玛曲—迭部—舟曲发展轴、冶力关—临潭—卓尼—迭部—舟曲发展轴；八源：八个生态源地
临潭县	《临潭县国土空间总体规划（2021—2035年）》	青藏高原绿色现代化先行示范区；西部知名生态旅游和文化旅游目的地；甘肃省乡村振兴示范县	形成"一心两核，双廊四区"的国土空间开发保护总体格局。一心：以中心城区为引擎和经济发展增长极，作为县域发展中心；两核：依托冶力关和新城形成的两个县域发展核心；双廊：指以国道248为轴线形成的开发建设廊道和沿洮河形成的生态保护廊道；四区：分别指生态旅游区、高寒特色农牧示范区、生态保育区和生态修复区
卓尼县	《卓尼县国土空间总体规划（2021—2035年）》	黄河流域生态文明新高地；甘肃省文旅融合示范基地；宜居宜游的田园品质城市	"一心、两轴、六片区"。一心：柳林镇及喀尔钦镇局部区域；两轴：沿洮河经济发展轴、沿省道306、县乡公路等形成的发展轴；六片区：核心片区、洮藏片区、车巴沟片区、洮南片区、挑北片区和北山片区
舟曲县	《舟曲县国土空间总体规划（2021—2035年）》	全国泥石流灾害治理教育示范基地；甘肃特色生态农牧产品重要生产基地；秦巴山地特色生态旅游目的地；甘南地区生态山水宜居秘境	构建"两屏双核，一轴一带"的国土空间总体格局。两屏：南部生物多样性保护生态安全屏障、北部水土保持生态安全屏障；双核：指老城区（城关、江盘）、新城区（峰迭新区）；一轴：城镇综合发展轴；一带：文化生态旅游综合发展带

续表

名称	规划名称	战略定位、城市性质	国土空间总体格局、结构
迭部县	《迭部县国土空间总体规划（2021—2035年）》	白龙江流域生态屏障构建与生态文明建设示范区；"世界的扎尕那"——"大甘南"与"大九寨"旅游圈交汇区域的重要节点和枢纽；甘南州实施全域旅游战略的引擎和增长极；魅力国土全景观展示享誉盛名的甘南明珠；青藏高原边缘区域国土综合整治示范引领区；甘肃华夏文明传承创新示范区；"红色文化"与"多元文化"融合发展的重要组成部分；"千年叠州吉祥藏乡"甘肃南部乡村振兴与新型城镇化统筹发展示范区	构建"一心、一翼、一带、一环"的空间发展格局。一心：以县城为中心形成的县域综合服务中心，带动全县经济社会发展；一翼：以旺藏镇为中心形成的县域东部片区辅助发展；一带：是复合城镇集聚发展带、交通发展带、白龙江百里风情景观带为一体的综合功能发展带；一环：以县域内主要旅游资源为依托，形成的全域旅游发展环
玛曲县	《玛曲县国土空间总体规划（2021—2035年）》	黄河上游生态保护和绿色发展先行区；黄河首曲草原生态全域旅游目的地；青藏高原现代畜牧业示范县	构建"一心、一屏、一带、多点"的国土空间开发保护格局。一心：以玛曲县城为中心形成玛曲政治、经济、文化综合服务中心；一屏：以玛曲县生态保护红线为基础，结合阿万仓湿地，融入若尔盖国家公园建设，整体形成玛曲县高原生态保护屏障；一带：依托黄河沿线形成玛曲县生态文化景观带；多点：以阿万仓镇、河曲马场为生态旅游发展核心；欧拉镇、欧拉秀玛乡为三产融合发展核心；曼日玛镇、齐哈玛镇、采日玛镇发展为特色生态旅游驿站

续表

名称	规划名称	战略定位、城市性质	国土空间总体格局、结构
碌曲县	《碌曲县国土空间总体规划（2021—2035）》	黄河上游生态安全屏障/若尔盖国家公园核心区；洮源民族文化生态旅游城市；甘南高原生态经济发展宜居城市；中国锅庄之乡、草原牧歌之城	构建"一个核心，两个组群；双轴引领，两带提升；融入公园，集聚发展"的全域国土空间开发保护格局。一个核心是指建设"碌曲县城＋西仓镇"产城融合发展核心，两个组群是指联动建设"郎木寺镇区＋贡巴""双岔＋碌曲火车站"两个功能带动型组群，国道213牧旅融合发展带、洮河农旅融合发展带为引领，石林旅游联系轴、生态经济延伸轴做提升，积极融入若尔盖国家公园，城、镇(乡、场)、村集聚发展，逐步提高土地利用效率和质量
夏河县	《夏河县国土空间总体规划（2021—2035年）》	甘南藏族自治州文化旅游中心城市、省级历史文化名城；国家特色旅游度假区；中国拉卜楞世界藏学府	综合考虑夏河县"三区三线"划定成果，形成"四带五区，一城四镇多点"的夏河县国土空间开发保护总体格局。四带：指两轴贯穿、两带延伸；五区：包括北部生态涵养区南部水源涵养区、城旅融合发展区、产城融合发展区、农旅融合发展区；一城：中心城区核心发展区；四镇：是指桑科镇、王格尔塘镇、阿木去乎镇和甘加镇。多点：是指其他乡镇、办事处呈据点式发展
合作市	《合作市国土空间总体规划（2021—2035年）》	甘、青、川交界处藏区中心城市和区域交通枢纽；黄河上游重要水源涵养补给区和生态安全屏障；甘南藏族自治州州府；全州政治、经济、商贸、物流和文化中心；青藏之窗·雪域羚城；青藏高原向东开放的展示窗口；生态文明	构建"一心、三区、三屏、三轴"的总体开发保护格局。一心：主城区—甘南合作生态产业园区一体化发展核心；三区：羚东高原草甸生态功能区与现代循环农牧业发展区、羚南水源涵养生态功能区与生态农业旅游产业发展区、羚北水土保持生态功能区与三产融合绿色经济发展区；三屏：太子山生态屏障、洮河流域生态屏障、腊力大山生态屏障；三轴：沿国道568北向产城融合经济发展轴、沿

续表

名称	规划名称	战略定位、城市性质	国土空间总体格局、结构
合作市	《合作市国土空间总体规划（2021—2035年）》	建设创新高地；高原绿色发展标杆城市；黄河上游高质量发展示范区；四省藏区枢纽；丝绸之路经济带和西部陆海新通道节点城市；串联兰西城市群与成渝城市群的通道节点城市；高原现代农牧业示范区；全域生态文化旅游示范城；绿色矿山建设典范区；甘南州产业发展核心区；国家草原公园培育示范地；甘南州乡村振兴样板区；具有雪域高原特色的生态草原城市	S324东向生态畜牧业发展轴、沿西宁道至勒秀公路南向生态文化旅游业发展轴

后 记

本书得到甘肃省科技厅技术创新引导计划软科项目"甘南州黄河流域人地关系时空演化及地域系统耦合研究"（20CX9ZA043）、甘肃省教育厅高等学校创新基金项目"基于共生理论的甘肃沿黄城镇群空间形态演化及协同规划研究"（2021A-047）资助。

当然，书稿能够顺利出版，离不开诸多学者和朋友的帮助。

感谢连华副教授的细心指导与真诚鼓励，从本书的早期选题、内容框架到书稿修改、调整、定稿，都凝聚着先生的心血、智慧和倾心帮助。在此，向先生致以诚挚的谢意和崇高的敬意。

感谢兰州交通大学唐相龙教授、王昱之副教授、谢晓玲副教授、王建华副教授；西北师范大学张志斌教授；甘肃农业大学尚明瑞教授；兰州理工大学安玉源教授；青海师范大学教师、南京大学博士研究生牛月讲师对于本书中所涉论文的细致答疑和宝贵意见。

感谢参与本书校订和出版工作的西昌学院旅游与城乡规划学院孟悦教授、城乡规划教研室刘曦老师。

感谢研究生阶段同门同学们及本人指导的本科生在本书撰写核对过程中给予的支持与帮助。

宁雷

2024.10.1